Aplicativos móveis:

como criar e publicar seu próprio app

ADMINISTRAÇÃO REGIONAL DO SENAC NO ESTADO DE SÃO PAULO

Presidente do Conselho Regional
Abram Szajman

Diretor do Departamento Regional
Luiz Francisco de A. Salgado

Superintendente Universitário e de Desenvolvimento
Luiz Carlos Dourado

EDITORA SENAC SÃO PAULO

Conselho Editorial
Luiz Francisco de A. Salgado
Luiz Carlos Dourado
Darcio Sayad Maia
Lucila Mara Sbrana Sciotti
Luís Américo Tousi Botelho

Gerente/Publisher
Luís Américo Tousi Botelho

Coordenação Editorial
Verônica Pirani de Oliveira

Prospecção
Andreza Fernandes dos Passos de Paula
Dolores Crisci Manzano
Paloma Marques Santos

Administrativo
Marina P. Alves

Comercial
Aldair Novais Pereira

Comunicação e Eventos
Tania Mayumi Doyama Natal

Edição e Preparação de Texto
Bruna Baldez

Coordenação de Revisão de Texto
Marcelo Nardeli

Revisão de Texto
Alexandre Napoli

Coordenação de Arte e Projeto Gráfico
Antonio Carlos De Angelis

Capa e Editoração Eletrônica
Tiago Filu

Imagens
Adobe Stock

Impressão e Acabamento
Gráfica Maistype

Proibida a reprodução sem autorização expressa.
Todos os direitos desta edição reservados à

Editora Senac São Paulo
Av. Engenheiro Eusébio Stevaux, 823 – Prédio Editora – Jurubatuba
CEP 04696-000 – São Paulo – SP
Tel. (11) 2187-4450
editora@sp.senac.br
https://www.editorasenacsp.com.br

© Editora Senac São Paulo, 2024

Dados Internacionais de Catalogação na Publicação (CIP)
(Simone M. P. Vieira – CRB 8ª/4771)

Silva, Danilo Arantes da
    Aplicativos móveis: como criar e publicar seu próprio app / Danilo Arantes da Silva, Glauco Luiz Parquet de Campos, Luciano Custódio e Luciano Lopes Salgado. – São Paulo : Editora Senac São Paulo, 2024

    Bibliografia.
    ISBN 978-85-396-4369-1 (Impresso/2024)
    e-ISBN 978-85-396-4368-4 (ePub/2024)
    e-ISBN 978-85-396-4367-7 (PDF/2024)

1. Computação móvel 2. Computação em nuvem 3. Arquitetura de aplicativos móveis 4. Hospedagem de aplicativos móveis 5. Arquitetura mobile 6. Aplicativos Android 7. Aplicativos Apple 8. Aplicação de programa (Desenvolvimento) I. Campos, Glauco Luiz Parquet de. II. Custódio, Luciano. III. Salgado, Luciano Lopes. IV. Título.

24-2236s   CDD – 004.36
                                                     005.26
                                         BISAC COM051460
                                                COM046100
                                                 COM46110

Índice para catálogo sistemático:
1. Computação em nuvem : Rede de computadores 004.36
2. Aplicativos móveis : Programa de computador 005.26

Danilo Arantes da Silva

Glauco Luiz Parquet de Campos

Luciano Custódio

Luciano Lopes Salgado

Aplicativos móveis:

como criar e publicar seu próprio app

Editora Senac São Paulo – São Paulo – 2024

Sumário

Prefácio | 7

Apresentação | 9

Conceitos de interface gráfica para aplicativos móveis | 11

    1. Um pouco de história | 12
    2. Sistemas mobile | 17
    3. Layouts para aplicativos móveis | 22
    4. Experiência e interface de usuário | 50
    Arrematando as ideias | 66

Fundamentos de desenvolvimento para aplicativos móveis | 67

    1. Ambientes de desenvolvimento | 68
    2. Frameworks | 82
    3. Persistência de dados | 91
    4. Fluxos de aplicação e controles visuais | 95
    5. Testes e depuração de aplicativos | 104
    Arrematando as ideias | 109

Web Services | 111

    1. Definição e tipos de Web Services | 112
    2. Comunicação e consumo de serviços web | 115
    3. Integração de API pública | 131
    4. Notificações push | 139
    5. Recursos de conectividade | 142
    6. Testes de API | 154
    Arrematando as ideias | 158

Distribuição de aplicativos móveis | 159

    1. Formato de distribuição | 160
    2. Lojas virtuais de aplicativos | 162
    3. Tipos de arquivos | 164
    4. Políticas de publicação | 168
    5. Requisitos da loja | 174
    Arrematando as ideias | 177

Referências | 179

Prefácio

É com grande prazer que escrevo o prefácio deste livro, uma obra que foi elaborada por meus amigos e docentes do Senac e com a qual vocês terão a oportunidade de conhecer um pouco mais do mundo do desenvolvimento de aplicativos móveis.

Hoje a internet exerce um papel de destaque em todas as possibilidades de negócio, e cada leitor verificará que os apontamentos aqui contidos são de extrema importância para uma atuação profissional. Com abordagem clara e acessível, a obra beneficiará tanto o iniciante quanto o experiente na área.

Ao fazer esta leitura, percebi que os autores puderam, de uma maneira fácil e apaixonada, comunicar os conceitos essenciais para a criação de aplicativos, inspirando cada vez mais desenvolvedores a buscar novos caminhos neste amplo mercado.

Richard Martelli

Apresentação

Hoje em dia, os dispositivos móveis – em especial os smartphones – são como uma extensão do nosso corpo. Neles, realizamos infinitas interações e atividades. E não há nada melhor que os aplicativos para nos confirmar e proporcionar isso.

Desde tarefas simples, como se lembrar de um compromisso, até funcionalidades complexas, como gerenciar finanças, os aplicativos móveis têm o poder de facilitar nossas vidas. Com o mercado de aplicativos em constante crescimento, a habilidade de criar soluções eficazes e intuitivas não é apenas desejável, mas essencial para quem deseja explorar o negócio e se destacar.

Dividido em quatro partes principais, este livro aborda a história dos dispositivos; os conceitos e elementos que envolvem layout, padrões de design, experiência e interface de usuário; os ambientes de desenvolvimento e as linguagens de programação; os frameworks e as práticas para a persistência de dados, controles e testes; os Web Services; a integração e comunicação com APIs; além dos formatos de distribuição, políticas de publicação e requisitos das principais lojas de aplicativos.

Utilize os exemplos fornecidos para testar em um possível projeto. Familiarize-se com as ferramentas apresentadas. Com estudo e prática, você poderá desenvolver aplicativos móveis de alta qualidade, funcionais e amigáveis, que atendam e até superem as expectativas dos usuários.

Boa leitura e mãos à tela!

CAPÍTULO 1

Conceitos de interface gráfica para aplicativos móveis

O smartphone que utilizamos foi criado no século XX como uma evolução do telefone celular, que mudou completamente nossa forma de comunicação. Como explicar nosso interesse constante por esse dispositivo?

O sucesso de um grande projeto não é por acaso: por trás da criação de um aplicativo móvel, há diversos estudos e detalhes pensados para captar nossa atenção.

Neste capítulo, vamos conhecer um pouco do smartphone e dos principais sistemas mobile. Também vamos entender como criar layouts para aplicativos móveis e o que a experiência do usuário e a interface gráfica têm ver com tudo isso.

1. UM POUCO DE HISTÓRIA

Tão natural no dia a dia, carregado para cima e para baixo, com o mundo na palma das mãos: essa pequena descrição do smartphone já nos faz entender o quão importante ele é em nossa vida.

Passamos praticamente as 24 horas do dia conectados, conversando por WhatsApp, curtindo e comentando publicações em redes sociais, ouvindo música, assistindo a vídeos, lendo, estudando, jogando e mais dezenas de coisas que poderíamos mencionar.

Hoje os smartphones possuem basicamente três botões físicos e uma grande tela colorida. Mas o que veio antes disso?

Embora seja um dispositivo tão usual e presente, nem sempre sabemos suas origens, quando ainda nem era "smart" e era chamado somente de "telefone celular". Podemos voltar ainda mais no tempo para entender a evolução do telefone.

O telefone foi inventado em 1876 por Alexander Graham Bell, e a primeira frase transmitida foi "Sr. Watson, venha aqui. Quero vê-lo", como descrito no livro *The telephone gambit: chasing Alexander Graham Bell's secret* (2008, p. 2), de Seth Shulman. A frase foi ouvida por seu assistente Thomas Watson durante um teste realizado em seu laboratório, quando o telefone foi conectado por um fio entre duas salas. Desse feito surgiu uma invenção que mudaria a maneira do mundo se comunicar.

Figura 1.1 – Thomas Watson com o primeiro telefone

O telefone se tornou uma das principais ferramentas de comunicação do século XX, que poderia então ser feita com voz e em tempo real.

Anos depois, com o avanço da tecnologia, surgiu a possibilidade de transmitir dados a partir de antenas, com a telefonia celular.

Martin Cooper, engenheiro eletrotécnico que trabalhava na Motorola, é considerado o pai do telefone celular. Ele fez a primeira ligação no dia 3 de abril de 1973, no meio da Sexta Avenida em Nova Iorque, no mesmo dia em que o dispositivo seria apresentado para a imprensa. O mais curioso sobre essa ligação é que ela foi realizada para a AT&T, principal concorrente da época.

Figura 1.2 – Martin Cooper com o primeiro telefone celular

Fonte: Rico Shen/CC BY-SA 3.0.

O dispositivo utilizado para essa primeira ligação foi o Motorola DynaTAC 8000X. Ele pesava aproximadamente um quilo e possuía autonomia de bateria de apenas vinte minutos. Custava caro, em torno de 10 mil dólares.

Com o tempo, o telefone celular foi evoluindo, mas continuava dedicado à realização de chamadas de voz. A interação era realizada por meio de botões físicos e havia apenas um pequeno display para a exibição de poucas informações.

Podemos dizer que a popularização da telefonia celular se deu na década de 2000, quando explodiu o número de fabricantes desses dispositivos, levando a uma redução no custo dos aparelhos.

Os dispositivos ficavam cada vez mais inteligentes, mas ainda estavam longe de ser o que temos hoje. Possuíam displays maiores, mais recursos e até jogos, mas ainda eram focados em ligações de voz e no envio e recebimento de mensagens de texto (SMS).

A grande fabricante da década de 2000 foi a finlandesa Nokia, que colocou no mercado vários modelos. Se você teve um celular nesse período, provavelmente adquiriu um dessa marca.

Os dispositivos da época possuíam um pequeno teclado físico composto por algumas teclas de navegação em menus e por teclas numéricas que eram combinadas com caracteres. Para envio de mensagens de SMS, o usuário precisava pressionar a tecla numérica que possuía a letra desejada.

Figura 1.3 – Teclado de telefone celular de 2000

Podemos ver na imagem que cada número apresenta também algumas letras ou caracteres utilizados para a digitação.

Fonte: Madcat87/CC BY-SA 4.0.

Nesse teclado da figura 1.3, para escrever a palavra "oi" era necessário pressionar três vezes o número 6 e três vezes o número 4. Imagine o tempo que se levava para enviar uma frase mais complexa...

O termo "smartphone" ganhou força na década de 2000, quando os dispositivos começaram a reunir várias funcionalidades, como calendário, agenda, e-mail, entre outros recursos. Surgiram também dispositivos com telas maiores e teclados físicos mais completos, já no padrão QWERTY, facilitando a digitação de textos.

CURIOSIDADE

Você sabia que o primeiro "smartphone" da história foi o IBM Simon, criado em 1994 pela IBM? Ele possuía uma tela monocromática sensível ao toque e custava 899 dólares. Foram vendidos 50 mil aparelhos, mas, devido à baixa performance da bateria, que durava aproximadamente 1 hora, o produto acabou caindo no esquecimento dos consumidores.

Figura 1.4 – Smartphone com teclado mais completo

Fonte: Wilber López Sallhue/CC BY-SA 3.0.

O grande ponto de virada para a indústria dos smartphones se deu no ano de 2007 com o lançamento do primeiro iPhone pela Apple. Steve Jobs trouxe uma fala entusiasmada em sua apresentação: "Em 2001, lançamos o primeiro iPod, e isso não mudou apenas a maneira como ouvíamos música.

Isso mudou toda a indústria da música. Bem, hoje estamos apresentando três produtos revolucionários desta classe. Estes não são dispositivos separados. Este é um dispositivo. E estamos chamando de iPhone".

SUGESTÃO

O vídeo de Steve Jobs no lançamento do primeiro iPhone pode ser visto no link:

"Steve Jobs apresenta primeiro iPhone (2007 - Legendado)" – SBAP Apresentações (2015). Disponível em: https://www.youtube.com/watch?v=taTmpYQ_3jk. Acesso em: 15 maio 2024.

Com uma proposta totalmente diferente do que o mercado estava entregando para os usuários, a Apple trouxe um dispositivo com uma grande tela touchscreen em que o usuário utilizava o dedo para navegar pelos diversos recursos oferecidos, com foco na navegação na internet.

Figura 1.5 – Steve Jobs no lançamento do iPhone 4 em 2010

Fonte: Matthew Yohe/CC BY-SA 3.0.

2. SISTEMAS MOBILE

Os smartphones atuais funcionam praticamente como computadores: possuem processador, memória e um bom espaço para armazenamento interno.

Como nos computadores, podemos instalar softwares e realizar tarefas diversas, como nos conectar à internet. Para isso, é necessário um **sistema operacional**.

A função de um sistema operacional, de acordo com Tanenbaum e Bos (2016, p. 4), é "manter um controle sobre quais programas estão usando qual recurso, conceder recursos requisitados, contabilizar o seu uso, assim como mediar requisições conflitantes de diferentes programas e usuários".

Podemos dizer também que o sistema operacional é um grande gerenciador de recursos de hardware e software, e sem ele seria praticamente impossível utilizarmos qualquer tipo de computador ou smartphone.

Nos smartphones, nomeamos seus sistemas operacionais de **sistemas mobile**. Diferentemente de um computador, um smartphone apresenta algumas características adicionais de hardware, como câmera, GPS, antenas para captação de sinais das redes celulares, controle de biometria, etc.

Um sistema mobile é responsável por gerenciar esses recursos específicos, além de oferecer suporte para uma grande variedade de hardwares, já que existem centenas de modelos de smartphone. Atualmente, temos dois principais sistemas mobile: Android e iOS.

Android

A Android Inc. foi a empresa criadora do sistema Android e que deu os primeiros passos para a construção de um sistema operacional para dispositivos inteligentes. A ideia inicial era que esse sistema oferecesse suporte para as linguagens de programação JavaScript, Java e C++.

O Google comprou a Android Inc. em julho de 2005 e colocou um grupo de desenvolvedores para seguir na construção do sistema. A plataforma passou então por uma mudança significativa de foco, que se voltou inteiramente para a linguagem de programação Java.

Os dispositivos de teste foram batizados de Sooner e Dream, tendo o Dream recebido mais esforços durante o processo de desenvolvimento.

A versão 1 do Android foi lançada em 2007, mas somente em 2008 foi finalizada e lançada no dispositivo Dream, comercialmente batizado de T-Mobile G1.

Figura 1.6 – Android 1 no smartphone T-Mobile G1

Fonte: Michael Oryl/CC BY-SA 2.0.

iOS

Em 2005, a Apple decidiu realizar modificações em seu famoso sistema Mac OS X para adaptá-lo para dispositivos móveis.

O projeto foi inicialmente batizado de iPhone OS e posteriormente chamado de iOS, um sistema otimizado para dispositivos móveis com interface de toque e com recursos que o tornam completamente integrado ao ecossistema Apple.

O iOS foi apresentado em 2007 com o lançamento do primeiro iPhone, e a cada lançamento oferece melhorias de desempenho, estabilidade e funcionalidade.

Mercado

O sistema Android domina o mercado global em smartphones e tablets. Em setembro de 2023, de acordo com o site StatCounter, chegou a alcançar 69,74% de participação contra 29,58% do iOS.

Figura 1.7 – Estatísticas globais do sistema operacional móvel

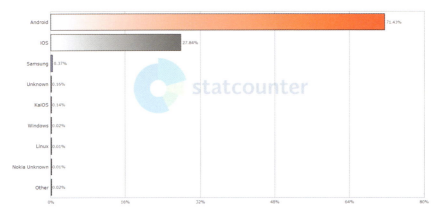

Em laranja vemos o domínio de mercado pelo Android, e em cinza o iOS. Podemos ver também outros sistemas menos populares.

Fonte: StatCounter (2023).

Apesar de existirem outros sistemas mobile, como o HarmonyOS da Huawei e o Tizen da Samsung, o foco do estudo sobre o desenvolvimento mobile é direcionado aos dois principais, Android e iOS.

Aplicativos móveis

Smartphones e tablets exigem o desenvolvimento de softwares que atendam às suas necessidades. É aqui que entram em cena os aplicativos móveis.

Também conhecidos como apps, eles são projetados para funcionalidades específicas dos dispositivos móveis, como touchscreen e tamanho de tela. São as ferramentas utilizadas pelos usuários para a realização de suas tarefas diárias.

Os aplicativos móveis podem ser de dois tipos: nativos ou híbridos.

Nativos

Os aplicativos nativos se caracterizam por serem completamente desenvolvidos para uma plataforma específica, como iOS (Apple) ou Android (Google).

São escritos com as linguagens específicas de cada plataforma, como Swift ou Objective C para iOS, e Java ou Kotlin para Android.

A principal característica desse tipo de app é que ele possui excelente **desempenho** e **acesso** completo a todas as funcionalidades dos dispositivos.

Entretanto, um app desenvolvido com linguagem Kotlin, por exemplo, não pode ser executado no iOS, da mesma forma que um app escrito em Swift não pode ser executado no Android. Além disso, são utilizadas ferramentas específicas no seu desenvolvimento para cada uma das plataformas.

Híbridos

Os aplicativos híbridos são desenvolvidos com uma combinação de elementos de aplicativos nativos e aplicativos baseados na web.

A base de desenvolvimento são as linguagens HTML, CSS e JavaScript. Assim que ficam prontos, são transformados em um "container" nativo que permite sua execução nos dispositivos móveis.

A principal característica dos aplicativos híbridos é que são **multiplataforma**. Isso significa que com um único código-fonte podemos criar aplicativos que são executados tanto no Android quando no iOS.

São desenvolvidos com base em frameworks e ferramentas de desenvolvimento híbrido, como React Native, Apache Cordova ou Ionic Framework.

Web Standards: práticas e padrões recomendados pela W3C

Como a base para aplicativos móveis híbridos é a web, o desenvolvedor deve seguir alguns padrões e recomendações desse tipo de desenvolvimento. Assim, é possível produzir apps com uma construção mais robusta e adequada aos padrões web.

A W3C (World Wide Web Consortium) é uma organização que define e publica recomendações para o desenvolvimento web. Essas recomendações são chamadas de Web Standards.

Como citado no próprio site da W3C ([s. d.]), as Web Standards "permitem que os desenvolvedores criem experiências interativas ricas que podem estar disponíveis em qualquer dispositivo". Elas auxiliam na construção de aplicativos otimizados para interoperabilidade, segurança, privacidade e acessibilidade.

Veja, a seguir, uma breve descrição de cada um desses detalhes:

- **Interoperabilidade**: garantem que os aplicativos funcionem em diferentes tipos de navegadores e dispositivos.

- **Segurança**: abrangem recomendações para a proteção de sites e usuários contra ameaças e ataques.

- **Privacidade**: abordam diretrizes para a proteção dos dados pessoais dos usuários, garantindo que as informações sejam tratadas com responsabilidade.

- **Acessibilidade**: possuem um guia específico, a Web Content Accessibility Guidelines, ou Diretrizes de Acessibilidade para Conteúdo Web (WCAG), e garantem que o conteúdo criado seja acessível a todos, inclusive pessoas com deficiência.

O uso das Web Standards no desenvolvimento de aplicativos móveis contribui para uma melhor experiência do usuário, além de auxiliar na redução de custos, pois facilita a manutenção de códigos a longo prazo.

SUGESTÃO

Mais informações sobre as Web Standards podem ser encontradas no site:

"Web Standards" – W3C ([s. d.]). Disponível em: https://www.w3.org/standards/. Acesso em: 16 maio 2024.

3. LAYOUTS PARA APLICATIVOS MÓVEIS

Além de inúmeros fabricantes e modelos, smartphones e tablets possuem tipos, tamanhos e resoluções de tela muito diferentes, trazendo a necessidade de adequação dos elementos gráficos de um aplicativo para a maioria dos usuários e dispositivos.

Em dispositivos móveis, a interação do usuário se dá essencialmente com o toque dos dedos ou uma caneta Stylus. Também é possível o uso de gestos para realizar tarefas específicas.

O tamanho dos textos e botões, as cores e o posicionamento dos elementos do aplicativo podem definir o seu sucesso. O projeto da interface gráfica deve ser estruturado de forma que o fluxo entre telas e processos fique claro e os usuários compreendam facilmente as funcionalidades e opções disponíveis no aplicativo.

Elementos essenciais

Diferentemente dos aplicativos para desktops e notebooks, o desenvolvimento de interfaces para dispositivos móveis requer atenção especial devido à maneira com que esses dispositivos são manipulados.

Os usuários desejam que todos os aplicativos caibam corretamente na tela, seja qual for a orientação do dispositivo (retrato ou paisagem). Também esperam que sejam fáceis de utilizar, acessíveis e inclusivos. Essas características se enquadram em três elementos essenciais: responsividade, usabilidade e acessibilidade.

Responsividade

Dispositivos móveis, como vimos, possuem diversos fabricantes, modelos e tamanhos de tela – esse é um dos desafios na construção de interfaces para eles. Tais características exigem que os aplicativos sejam, portanto, responsivos.

A adaptação do aplicativo à tela, independentemente da resolução ou orientação, é o que chamamos de responsividade.

Quando se trata de **resolução**, que é a quantidade de pixels da tela, é notável a grande variação entre os dispositivos.

Além disso, as telas possuem outra propriedade chamada **densidade de pixels**, medida em PPI (pixels por polegada), que descreve a quantidade de pixels em uma área específica da tela. Telas com maior nitidez e qualidade apresentam uma densidade de pixels maior.

Na construção do layout de um aplicativo, devemos nos atentar à capacidade de o app se adaptar sem que suas funcionalidades e design sejam afetados.

No desenvolvimento Android, por exemplo, são utilizadas as unidades de medida **dp** (density-independent pixels), que permite a definição do tamanho dos elementos independentemente da densidade de pixels, e **sp** (scale-independent pixels), específica para o tamanho dos textos e que utiliza, além da densidade de pixels, as configurações de acessibilidade do aparelho.

SUGESTÃO

Acesse o link a seguir para entender melhor como o Android se adapta a densidades de pixel diferentes:

"Modo de compatibilidade do dispositivo" – Android Developers ([s. d.])c. Disponível em: https://developer.android.com/guide/topics/large-screens/large-screen-compatibility-mode?hl=pt-br. Acesso em: 16 maio 2024.

Já a **orientação** indica a posição em que o dispositivo se encontra, podendo ser retrato (vertical) ou paisagem (horizontal).

Figura 1.8 – Orientação

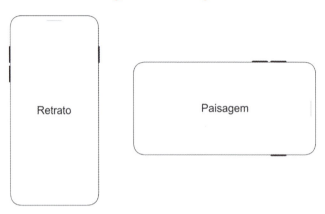

Representação da orientação da tela em dispositivos móveis, tanto para smartphones quanto para tablets.

Não existe uma regra ou norma para que todo app funcione sempre nos dois modos; essa decisão varia de acordo com a funcionalidade. Temos o Instagram, por exemplo, que funciona somente no modo retrato, e alguns jogos somente no modo paisagem.

Usabilidade

De acordo com o dicionário Priberam, a usabilidade é a "capacidade de um objeto, programa de computador, página da internet, etc. satisfazer as necessidades do usuário de forma simples e eficiente" (Usabilidade, [s. d.]).

Devemos imaginar que um aplicativo em um smartphone ou tablet seja fácil principalmente quando se trata da maneira como será utilizado.

O livro *Interaction design: beyond human-computer interaction* apresenta o conceito de usabilidade como "o fator que assegura que os produtos são fáceis de usar, eficientes e agradáveis – da perspectiva do usuário" (Preece; Rogers; Sharp, 2023, p. 20, tradução própria).

No mesmo livro são apresentadas seis metas para a usabilidade: eficácia, eficiência, segurança, utilidade, *learnability* (capacidade de aprendizagem) e *memorability* (capacidade de memorização).

- **Eficácia**: tem relação com identificar se o software é bom em fazer o que é esperado. Se um app não é eficaz, isso pode significar que ele não consegue realizar as tarefas que foram definidas.

- **Eficiência**: diz respeito a como o sistema auxilia o usuário na realização de suas tarefas. Um software é eficiente quando em poucos passos possibilita a realização de tarefas de forma simples.

- **Segurança**: é fundamental para proteger o usuário de situações perigosas. Já imaginou um aplicativo que, de acordo com a organização das informações na tela, induz o usuário ao erro?

- **Utilidade**: indica se o aplicativo oferece as ferramentas necessárias para que o usuário consiga realizar as tarefas que deseja. Pense em um aplicativo de desenho que não permite que o usuário utilize uma caneta Stylus para desenhar e o obriga a usar somente o dedo.

- **Capacidade de aprendizagem**: o aplicativo criado deve ter um processo fácil de aprendizagem. Dificuldades enfrentadas pelo usuário na utilização de um app podem prejudicar o seu sucesso.

- **Capacidade de memorização**: refere-se a quão fácil é o processo de memorização de uso do aplicativo. O usuário precisa se lembrar de como utilizá-lo após ter aprendido.

Quantas perguntas podem ser feitas para cada um dos itens anteriores? Várias! Todos eles contribuem para o sucesso do aplicativo. Utilize essas metas para um melhor direcionamento com relação à usabilidade do app que está sendo desenvolvido.

Figura 1.9 – Usuário manipulando o smartphone com uso de uma caneta Stylus

Imagine um aplicativo que funcione somente com o toque dos dedos. Ele seria acessível?

Acessibilidade

Independentemente de suas habilidades ou limitações, é fundamental garantir que o aplicativo seja inclusivo e que possa ser utilizado por todas as pessoas.

Como já mencionado, a W3C oferece várias recomendações para o desenvolvimento web e de aplicativos. Para o tema acessibilidade, podemos citar as **Diretrizes de Acessibilidade para Conteúdo Web** (WCAG) 2.1.

As WCAG 2.1 dizem respeito a diversas recomendações para que o aplicativo seja acessível ao maior número possível de pessoas com deficiência. Esse documento é uma ótima referência, pois trata de várias deficiências, como cegueira e baixa visão, surdez e baixa audição, limitações de movimentos, incapacidade de fala, fotossensibilidade e combinações dessas características.

Como citado nas WCAG 2.1, "embora estas diretrizes cubram uma ampla diversidade de situações, elas não são capazes de abordar as necessidades das pessoas com todos os tipos, graus e combinações de deficiências" (W3C, 2018).

Talvez não seja uma tarefa fácil implementar todas as recomendações no desenvolvimento de um aplicativo, mas, tratando-se de interface, algumas podem ser facilmente definidas:

- Construa um design que torne o aplicativo mais acessível, com legibilidade nos textos, tamanho de elementos que permita o toque preciso, contraste e cores adequadas, além de uma organização mais lógica e organizada para o conteúdo.

- Garanta que o aplicativo seja compatível com leitores de tela, permitindo que pessoas com deficiência visual possam utilizá-lo.

- Teste a acessibilidade do aplicativo com pessoas que possuem as deficiências que se espera cobrir. Isso ajuda na identificação de problemas de acessibilidade e no aprimoramento do aplicativo.

- Garanta também que o aplicativo possa se utilizar dos recursos de acessibilidade disponíveis nos sistemas operacionais Android e iOS.

SUGESTÃO

Tanto a Apple quanto o Google oferecem uma documentação sobre os recursos de acessibilidade de seus sistemas. Você pode encontrá-las nos seguintes links:

- "Acessibilidade" – Android ([s. d.]). Disponível em: https://www.android.com/intl/pt-BR_br/accessibility/. Acesso em: 9 dez. 2023.

- "Acessibilidade" – IOS ([s. d.]). Disponível em: https://www.apple.com/br/accessibility/. Acesso em: 9 dez. 2023.

E não se esqueça: o bom uso das Web Standards e WCAG 2.1 é fundamental para a usabilidade e acessibilidade no desenvolvimento de aplicativos.

Softwares de prototipação mobile

O desenvolvimento de softwares é um processo complexo que envolve várias etapas (como planejamento, design, codificação, testes e manutenção) e diferentes metodologias para orientar e organizar o trabalho das equipes de criação.

Não existe uma abordagem que seja considerada a melhor ou a pior, porque as necessidades e contextos variam. Cada equipe de desenvolvimento deve escolher a metodologia que melhor se adapta às características do projeto, visando garantir a qualidade dos produtos que entregam.

Na definição dos requisitos de software, devemos nos atentar aos requisitos de interface gráfica do usuário. Lembre-se de que a interação do usuário com uma aplicação ocorre essencialmente através de uma interface gráfica, conhecida como **GUI**.

"A GUI é composta por uma série de elementos visuais, os quais podem ser caixas de diálogo, menus, ícones, botões, barras de ferramentas, janelas, quadros, imagens, animações, vídeos, entre outros (Preece; Rogers; Sharp, 2005; Filatro, 2008 *apud* Pinto; Silva; Teixeira, 2019, p. 3).

Os requisitos de interface gráfica do usuário auxiliam no mapeamento das necessidades básicas para o software referentes ao posicionamento de elementos na tela, cores e fluxo entre telas, etc. A falta desses requisitos bem definidos pode comprometer as etapas de desenvolvimento.

Também existem os interessados pelo projeto: de um lado temos os clientes, também conhecidos como stakeholders, e do outro a equipe de desenvolvimento. E qual a importância disso? Os desenvolvedores compreendem a complexidade envolvida no processo de codificação, enquanto os clientes não. Os clientes precisam de algo mais simples e compreensível para entender o que está sendo construído. Aqui entra uma etapa importante chamada **prototipação**.

Um protótipo é um modelo que permite demonstrar como um aplicativo se comportará na prática, possibilitando uma fácil compreensão do que está sendo desenvolvido.

Podemos citar alguns benefícios do uso de protótipos de aplicativos:

- **Clareza na compreensão** do que se propõe para o desenvolvimento com a visualização mais concreta da interface gráfica.

- **Facilidade de feedback** e validação dos clientes, por terem mais familiaridade com a visualização do protótipo.

- **Agilidade** no ajuste e na elaboração de novas funcionalidades, por não haver necessidade de modificação de códigos.

- **Facilidade na previsão** de possíveis problemas antes de ter a interface gráfica codificada.

Os protótipos devem servir como um modelo visual e funcional para a tomada de decisões, facilitando o processo de desenvolvimento do aplicativo. Podemos classificá-los como **protótipos de baixa**, **média** e **alta fidelidade**.

Protótipo de baixa fidelidade

Um protótipo conceitual é uma representação inicial feita para contextualizar as ideias propostas para o design do aplicativo. Também pode ser chamado de protótipo de baixa fidelidade, pois não se preocupa em demonstrar detalhes complexos e precisos.

Criado nas fases iniciais do projeto, é utilizado para apresentar a proposta de design e usabilidade, auxiliando no entendimento dos requisitos de interface do usuário. Além disso, facilita a identificação de falhas e possibilita um feedback inicial dos clientes.

Nesta etapa, devem ser consideradas praticamente todas as alterações de design e fluxo entre telas, evitando grandes mudanças no projeto com estágio já avançado de desenvolvimento.

Uma característica marcante do protótipo de baixa fidelidade é a sua simplicidade, uma vez que aceita a utilização de materiais básicos, como lápis, papel, caneta, régua e até post-its.

Pode ser utilizado durante uma sessão de *brainstorm* com os clientes, para que o design seja esboçado à mão de acordo com as ideias que vão surgindo.

Algumas características do protótipo de baixa fidelidade são: baixo custo, prototipação rápida, apresentação visual das possibilidades e pouco detalhamento.

Figura 1.10 – Protótipo de baixa fidelidade

Representação de protótipo de baixa fidelidade com recursos básicos, como lápis, papel e post-its.

O desenho apresentado na figura 1.10 também pode ser chamado de *sketch*.

O *sketch* promove agilidade nas primeiras etapas de validação da interface, pois permite um melhor entendimento da organização e disposição do layout.

Protótipo de média fidelidade

Seguindo o fluxo para a validação da ideia do layout do aplicativo, a etapa seguinte é o desenvolvimento de um tipo de protótipo com nível um pouco maior de detalhamento.

Podemos agora ter um melhor refinamento das ideias do design, com a criação do desenho do wireframe da aplicação.

Um wireframe é basicamente uma representação visual do layout, que tem como foco a validação da arquitetura da informação, dos fluxos de navegação e da interação com os elementos da interface.

Aqui já deve haver, portanto, uma maior preocupação com o tamanho dos elementos e sua disposição na tela, para garantir que a estrutura seja lógica e intuitiva para os usuários.

Nesta etapa, o uso de softwares pode auxiliar, já que eles otimizam o processo e oferecem alguns elementos já prontos. Uma boa alternativa é o Excalidraw, ferramenta que realiza a simulação de traços e escritas realizadas à mão e facilita alterações nos modelos.

SUGESTÃO

O Excalidraw é uma ferramenta gratuita que pode ser acessada pelo site:

"Excalidraw" – Excalidraw ([s. d.]). Disponível em: https://www.excalidraw.com. Acesso em: 21 maio 2024.

Figura 1.11 – Protótipo de média fidelidade

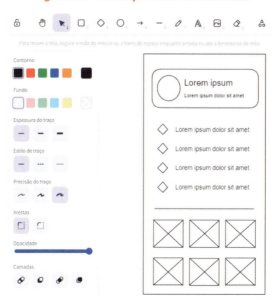

Interface da ferramenta Excalidraw demonstrando a criação de um protótipo de média fidelidade para a tela de um aplicativo.

Protótipo de alta fidelidade

As validações finais do design do aplicativo são de extrema importância para o prosseguimento do projeto. Nesta etapa, deve ser apresentado aos usuários o protótipo de alta fidelidade, uma versão muito próxima do produto.

Ele se assemelha ao máximo com o aplicativo nos aspectos visuais, incluindo fluxo entre telas e interação com os elementos do design, como listas e botões, trazendo a sensação de estarmos utilizando um aplicativo real.

As informações coletadas com o uso dos protótipos de baixa e média fidelidade devem ser consolidadas para o levantamento de todos os aspectos funcionais de navegação no aplicativo.

Aqui é essencial o uso de softwares que auxiliem na concepção desse tipo de protótipo. Os mais conhecidos são Sketch, Figma e Adobe XD.

Adobe XD

O Adobe XD é uma das ferramentas mais populares do mercado na construção de design para projetos web e mobile. Foi concebido como um editor de gráficos vetoriais, facilitando a criação de wireframes e a prototipação de alta fidelidade.

Ele possui uma série de recursos para o desenvolvimento de toda a estrutura de aplicativos, permitindo a interação com botões e telas, listas e outros elementos, além da simulação da responsividade, o que possibilita a criação de protótipos de alta fidelidade.

A ferramenta também permite o compartilhamento do projeto, para que as etapas de teste e validação dos recursos visuais sejam cumpridas antes de o aplicativo ser programado.

Podemos observar na figura 1.12 um protótipo de alta fidelidade criado com o uso de softwares como o Adobe XD. Com ele, é possível visualizar o resultado do design de um aplicativo, agilizando a validação dos usuários.

Figura 1.12 – Protótipo de alta fidelidade

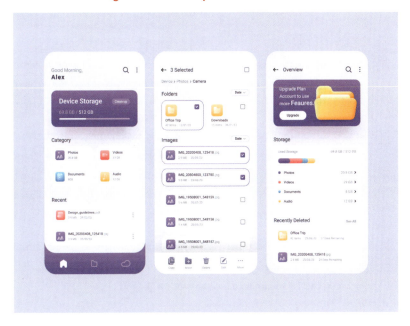

Exemplo de protótipo de alta fidelidade, no qual podemos ver sua semelhança ao produto.

Como ferramenta direcionada ao design de aplicativos, o Adobe XD possui compatibilidade com os UI Kits Google Material e Apple iOS. Entre outras características da ferramenta, estão:

> **Grade de repetição**: ajuda a criar uma grade de itens repetidos, como listas e galerias de fotos.
>
> **Protótipo e animação**: cria protótipos animados por meio de pranchetas vinculadas. Esses protótipos podem ser visualizados em dispositivos móveis compatíveis.
>
> **Interoperabilidade**: o XD oferece suporte e pode abrir arquivos do Illustrator, Photoshop, Photoshop Sketch e After Effects. Além da Adobe Creative Cloud, o XD também pode se conectar a outras ferramentas e serviços, como Slack e Microsoft Teams, para colaborar. O XD também pode se ajustar automaticamente e mover-se suavemente do macOS para o Windows. Por segurança, os protótipos podem ser enviados com proteções de senha para garantir a segurança completa.

Design de voz: os aplicativos podem ser projetados usando comandos de voz. Além disso, o que os usuários criam para assistentes inteligentes também pode ser visualizado.

Componentes: os usuários podem criar componentes (anteriormente conhecidos como símbolos) para criar logotipos, botões e outros recursos para reutilização. Sua aparência pode mudar com o contexto em que são usados.

Redimensionamento responsivo: o redimensionamento responsivo ajusta e dimensiona automaticamente as fotos e outros objetos nas pranchetas. Isso permite que o usuário tenha seu conteúdo ajustado automaticamente para telas diferentes para plataformas de tamanhos diferentes, como telefones celulares e PCs.

Plug-ins: o XD é compatível com plug-ins personalizados que adicionam recursos e usos adicionais. Os plug-ins variam do design à funcionalidade, automação e animação (Adobe XD, [s. d.]).

DICA

Além das ferramentas citadas, é interessante conhecer outras para utilizar a que mais se adéqua ao tipo de trabalho realizado. Outros exemplos são o Figma, também muito utilizado e baseado em navegador, e o Proto.io, uma alternativa baseada em navegador sem necessidade de uso de códigos.

Uso de cores e posicionamento de objetos

Faça uma pesquisa rápida no seu smartphone: abra os aplicativos que você usa todos os dias e perceba como as cores são utilizadas. Essa é uma atividade interessante para a composição do seu repertório.

Com essa rápida pesquisa, observe que poucas cores são utilizadas para que o conteúdo principal não seja prejudicado. Elas também delimitam os elementos da tela, facilitando a usabilidade e navegabilidade.

CURIOSIDADE

Você sabia que existem 10 milhões de cores que nossos olhos conseguem ver? Para chegar a esse valor, fazemos uma conta simples envolvendo outros aspectos. De acordo com o site *Que Bicho Te Mordeu* ([s. d.]), temos o seguinte:

- 1.000 níveis de claro-escuro que somos capazes de distinguir;
- 100 níveis de vermelho-verde que podemos ver;
- 100 níveis de azul-amarelo que o olho humano também consegue reconhecer.

O número total de cores que uma pessoa vê é cerca de: 1.000 x 100 x 100 = 10.000.000 (10 milhões).

Ter tantas cores disponíveis não significa que devemos utilizar todas elas. Imagine se os desenvolvedores tentassem encaixar algumas centenas de cores dentro da tela do aplicativo. Isso causaria confusão e cansaço visual, impactando o tempo de uso, que é uma métrica muito importante, principalmente para as redes sociais. Por outro lado, isso também não quer dizer que não devemos utilizar praticamente nenhuma cor, e sim que o uso das cores deve ser planejado.

As cores auxiliam na transmissão de sensações e carregam significados. No livro *Design digital* (2019), Fabiana Guerra e Mirela Terce estabelecem uma interessante relação entre as principais cores e seus significados:

- **Branco**: formado pela soma de todas as cores. O branco sugere pureza, clareza, limpeza e frescor. Pode evocar uma sensação de vazio e infinito, trazendo simplicidade, luz, paz e harmonia, além de ser associado a higiene, ambientes insípidos e neutralidade.

- **Preto**: pode representar silêncio e morte, denotando pessimismo, tristeza e dor. Em outros contextos, confere nobreza, elegância e distinção às composições.

- **Vermelho**: traz força e dinamismo. Por ser uma cor essencialmente quente, transborda vida e agitação, chamando atenção para si nas mais diversas situações. Confere energia e é associada a fogo, perigo, fome, guerra, fúria, paixão e desejo.

- **Laranja**: irradia expansão, sendo associada a criatividade e comunicação. É acolhedora, quente e íntima, remetendo a outono, pôr do sol, movimento e festividade.

- **Amarelo**: quente e luminosa, costuma impor-se, seja sozinha ou em conjunto com outras cores. Pode significar alegria, atenção, felicidade, vida ou angústia.

- **Verde**: universalmente ligada a natureza, traz frescor, calma, equilíbrio e harmonia. Quando mais amarelada, sugere força ativa. Transmite a sensação de bem-estar, tranquilidade, juventude e saúde.

- **Azul**: cor profunda, evoca calma e introspecção. Carrega maior seriedade e maturidade, especialmente quando em tons mais escuros. Quando mais clara, remete a higiene e frescor. É associada a frio, céu, mar, tranquilidade, paz, infinitude, credibilidade, tristeza e melancolia.

- **Roxo**: comumente associada a meditação e misticismo, confere um ar de sonho e magia. Pode ser vinculada a nobreza e poder, denotar profundidade, relacionar-se a doença ou morte, egoísmo e mistério.

Veja como é interessante a descrição de cada uma das cores e os sentimentos e sensações representados. Isso demonstra o quão importante é a sua aplicação e como o estudo das cores pode ser aprofundado.

Em muitos casos, as paletas de cores que devem ser utilizadas já são previamente definidas, bastando aos desenvolvedores aplicá-las dentro do aplicativo. Essas paletas são definidas a partir de um estudo sobre a marca e não devem ser alteradas. Caso não existam, é necessário que sejam criadas juntamente com o cliente.

SUGESTÃO

Uma ferramenta que facilita muito a escolha das cores para um aplicativo é o Adobe Color. Com ele, você pode criar temas de cores, extrair cores e gradientes, além de utilizar as ferramentas de acessibilidade, verificando o contraste de acordo com as WCAG.

"Adobe Color" – Adobe ([s. d.]). Disponível em: https://color.adobe.com/pt/. Acesso em: 22 maio 2024.

Como exemplo real, vamos utilizar o Senac. Na figura 1.13, temos a logo da instituição:

Figura 1.13 – Logo do Senac

No site https://www1.sp.senac.br/hotsites/sites/guiavisual/cores/, é possível verificar o guia de estilo do Senac, com as cores institucionais e as cores aplicadas para cada modalidade de curso e área da instituição.

As cores Azul - Senac, Laranja - Senac e Laranja-Claro - Senac são as cores base presentes na logo e que definem a instituição. Portanto, em qualquer aplicação, devem ser respeitadas essas cores e as orientações do guia de estilo.

Figura 1.14 – Guia de estilo do Senac

A imagem, retirada do site do Senac, demonstra as cores institucionais do Senac de acordo com o guia de estilo da marca.

Fonte: Senac São Paulo ([s. d.])a.

Acessando o portal do Senac São Paulo (https://www.sp.senac.br), você pode observar a aplicação dessas e outras cores apresentadas no guia de estilo.

Há também o aplicativo do Senac São Paulo, no qual podemos ver as diferenças na aplicação de cores.

Figura 1.15 – Aplicativo Senac São Paulo: login e tela principal

À esquerda, é exibida a tela de login do aplicativo Senac São Paulo; à direita, a tela principal do aplicativo.

Por utilizar menos espaço de tela do que um website, as informações são mais resumidas, principalmente pelo fato de o aplicativo servir para disponibilização de serviços aos alunos já autenticados.

A interface também se destaca por utilizar primariamente as cores Azul - Senac e branco, além da aplicação da logo na cor branca, de acordo com o guia de estilo. Perceba também a preocupação com a construção, que permite a exibição sem distrações e acompanha as regras de contraste, facilitando a leitura e colocando em destaque as principais opções de acesso.

SUGESTÃO

Para complementar seus conhecimentos sobre o uso de cores, recomendamos a leitura do livro a seguir, da Editora Senac São Paulo:

"Design digital: conceitos e aplicações para websites, animações, vídeos e webgames" – Fabiana Guerra e Mirela Terce (2019).

Padrões de design de interação

Na construção de qualquer produto, a indústria investe centenas de horas em pesquisa para produzir algo que atenda às necessidades dos usuários. Pense que isso se aplica a praticamente tudo que utilizamos no dia a dia.

Devemos trazer essa preocupação também para os sistemas computacionais. Todo tipo de interface gráfica precisa ser adequada para atender ao seu fim e às facilidades de uso. Metodologias são utilizadas para direcionar a construção do design a partir de ferramentas e recursos que tornem o uso dos sistemas amigável e intuitivo.

É importante mencionar que os recursos utilizados na construção de um website podem não ser adequados para um aplicativo móvel. Quando estudamos a responsividade, aprendemos a necessidade de os elementos da interface se adequarem a diferentes tamanhos de tela. Mas será que todos os elementos podem ser responsivos? Alguns são facilmente ajustados, mas outros devem ser substituídos por recursos equivalentes para dispositivos móveis.

Vamos usar como exemplo o menu principal de um website. Você acha que ele é adequado para um aplicativo? Os itens desse menu serão exibidos para os usuários com todas as opções de acesso?

A figura 1.16 mostra o menu principal do portal do Senac São Paulo:

Figura 1.16 – Menu principal do portal do Senac São Paulo aberto em um browser

Fonte: Senac São Paulo ([s. d.])b.

Como um website acessado a partir de um desktop, esse menu apresenta várias opções que facilitam a navegação do usuário. Mas podemos utilizar o mesmo menu para ser visualizado quando o portal for acessado em um smartphone?

Figura 1.17 – Menu do portal Senac São Paulo aberto em um smartphone

Fonte: Senac São Paulo ([s. d.])b.

Em um smartphone, o topo da página se ajusta de modo a exibir claramente algumas opções, substituindo o menu que é apresentado na versão desktop por um ícone (o primeiro da esquerda para a direita), também conhecido por *breadcrumb*.

A partir desses exemplos, notamos como o mesmo tipo de elemento pode (e deve) ser ajustado para diferentes tipos de dispositivo.

Um possível problema está relacionado à navegação e interação do usuário com uma página. Para evitá-lo, é necessário seguir padrões de design que sejam adequados ao tipo de interface desenvolvida. Você sabe quais são os padrões utilizados especificamente para dispositivos móveis?

Para facilitar esse processo, podemos empregar práticas e metodologias que nos ajudem a desenvolver aplicativos mais eficientes e de fácil uso para o usuário.

Theresa Neil, no livro *Padrões de design para aplicativos móveis* (2012), define algumas categorias de design que são eficazes para a construção de aplicativos. Destacamos aqui duas que impactam bastante o design: navegação (menus) e formulários.

Navegação

O aplicativo deve oferecer aos usuários uma forma simples e clara de acessar os recursos oferecidos. Todas as páginas devem ser especificadas corretamente para garantir a rápida identificação de cada uma.

Um modelo de menu que já foi muito utilizado em aplicativos é o **Drawer Navigation**, caracterizado por surgir na tela da esquerda para a direita.

Figura 1.18 – Exemplo de Drawer Navigation

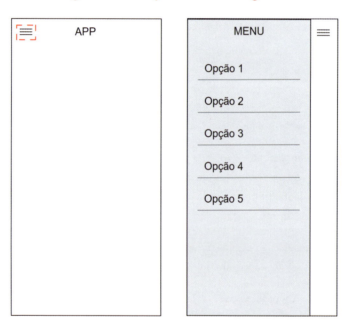

Por padrão, o Drawer Navigation fica escondido. Quando acionado, desliza da esquerda para a direita, mas sem ocupar todo o espaço da tela.

A figura 1.18 demonstra o funcionamento do Drawer Navigation, que é acionado quando pressionamos o botão destacado em vermelho, chamado de *breadcrumb*. Também pode ser acionado ao deslizarmos o dedo da borda esquerda da tela para o lado direito.

Devemos utilizar o Drawer Navigation quando há:

- mais de cinco opções de acesso;
- níveis hierárquicos dentro dos menus.

Mas atenção ao mesclá-lo com outros tipos de menu, para evitar confusão durante o uso do aplicativo.

Outra forma muito comum de dispor os itens de acesso em um aplicativo é pelo menu em abas. Geralmente ele é utilizado no rodapé do aplicativo, sendo chamado de **Bottom Tab**, ou, em algumas ocasiões, no cabeçalho, quando é chamado de **Top Tab**.

Figura 1.19 – Bottom Tab e Top Tab

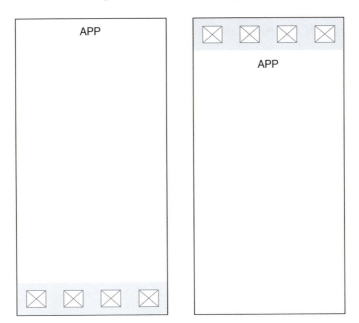

À esquerda podemos visualizar, no rodapé, o Bottom Tab; à direita, no cabeçalho, o Top Tab.

O mais usual é o Bottom Tab, que, pela sua posição, facilita o acesso do aplicativo com apenas uma mão. Opções adicionais como acesso a configurações do aplicativo e outros recursos podem ser posicionadas em outros locais, acessíveis a partir de uma das opções do Bottom Tab.

Esse tipo de menu é um dos mais recomendados atualmente, pois não oculta nenhuma parte da tela, como acontece com o Drawer Navigation.

Devemos utilizar o Bottom Tab quando:

- o aplicativo possui até cinco opções principais;
- é necessário dar destaque às principais opções.

Os menus apresentados nos exemplos mantêm na tela do aplicativo informações relevantes, como um *feed* de notícias ou de rede social. Nesses casos são uma boa escolha porque destacam o foco do aplicativo.

Em outros casos, precisamos que as opções disponíveis no aplicativo sejam facilmente visíveis e estejam em destaque na tela principal – e talvez aqui nem o Drawer Navigation nem o Bottom Tab sejam úteis. Uma estratégia é a utilização do **Springboard**.

O Springboard pode ser utilizado quando não há muitas informações que precisam ser exibidas no corpo do aplicativo e quando precisamos disponibilizar um acesso rápido a todos os recursos disponíveis.

Figura 1.20 – Menu Springboard

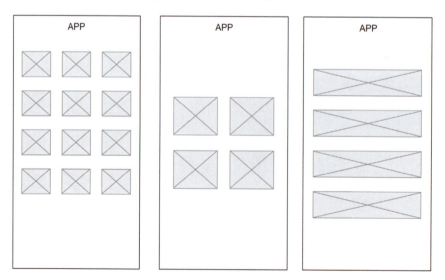

Exemplos de diferentes tipos de menu Springboard.

Esse tipo de menu se caracteriza por exibir os itens em forma de grade na tela principal do aplicativo. Quando algum item é acessado, uma nova página é aberta ocupando toda a tela, e é possível retornar à tela principal com o botão de voltar.

Os sistemas operacionais dos smartphones utilizam o Springboard para mostrar todos os aplicativos que estão instalados.

Devemos utilizar o menu Springboard quando:

- o aplicativo possui muitos recursos;
- as páginas do aplicativo não se relacionam.

Com esses exemplos pudemos conhecer alguns dos tipos de menu que auxiliam no desenvolvimento do design de um aplicativo. Lembre-se: "a boa navegação, como o bom design, é invisível. Aplicativos com boa navegação simplesmente são intuitivos e facilitam a realização de qualquer tarefa" (Neil, 2014, p. 2, tradução própria).

PRÁTICA

Chegou a hora de exercitar um pouco nosso aprendizado. Pegue seu celular, abra alguns aplicativos e identifique:

- Qual o tipo de navegação (menu) utilizado?
- Quantos itens são exibidos no menu?

Você também pode refletir se algum outro tipo de navegação poderia ser escolhido. Esta atividade nos ajudará a ter mais repertório e entender quais os tipos mais usados de acordo com a finalidade de cada aplicativo.

Formulários

Em nossa vida digital nos deparamos, muitas vezes, com a necessidade de preencher formulários. Para utilizar os serviços de um aplicativo, precisamos realizar um cadastro e depois somos direcionados a uma tela de login, que valida nossos dados para liberar o acesso.

Vamos refletir: para utilizar um aplicativo, precisamos nos cadastrar. Se houver muitos campos para serem preenchidos ou se as informações não forem apresentadas de forma clara, causando dificuldade ao usuário, será que ele irá se cadastrar? Se a resposta é "não", temos um problema.

Dessa forma, já conseguimos perceber o quanto um simples formulário pode prejudicar o sucesso de uma aplicação, impactando diretamente o faturamento de uma empresa.

Vamos simular um formulário de cadastro com os seguintes campos: *Nome, Sobrenome, E-mail, Confirmação de E-mail, Senha* e *Confirmação de Senha*.

Figura 1.21 – Formulário de cadastro com seis campos

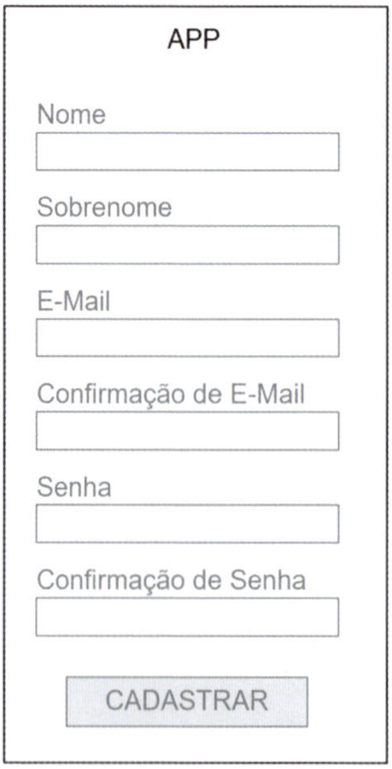

Você já deve ter visto muitos formulários assim. Talvez esse não seja um problema enorme, mas serve para questionar: será que realmente precisamos de todos esses campos para um cadastro? É claro que depende muito do tipo de informação que é necessária, mas no exemplo da figura 1.21 podemos fazer algumas modificações:

- remover o campo *Sobrenome*;
- remover os campos *Confirmação de E-mail* e *Confirmação de Senha*.

Com esses ajustes, teremos um formulário de cadastro com os campos *Nome*, *E-mail* e *Senha*.

Figura 1.22 – Formulário de cadastro com redução de campos desnecessários

A validação do campo *Senha* pode ser realizada dentro do mesmo campo, para verificar se está de acordo com os padrões de segurança. A confirmação da senha não irá ajudar, já que o usuário pode esquecer a senha logo após o cadastro.

A confirmação do e-mail também pode ser realizada de outra maneira, através de uma confirmação, por exemplo, depois que o usuário avança para o cadastro.

Perceba que com um pequeno ajuste reduzimos os campos do formulário de seis para somente três, diminuindo o tempo de preenchimento e deixando mais claras as informações solicitadas na tela.

Se houver necessidade de solicitar mais informações para o usuário, devemos ter a cautela de identificar quais são os campos realmente necessários.

Para facilitar o cadastro de usuários, hoje podemos contar com as contas vinculadas ao Google e a redes sociais como o Facebook, por meio do OAuth 2.0, que utiliza as credenciais já existentes nesses serviços.

SUGESTÃO

Se quiser conhecer melhor a tecnologia de login automático, sugerimos a leitura das páginas a seguir:

- "The OAuth 2.0 Authorization Framework" – IETF ([s. d.]). Disponível em: https://datatracker.ietf.org/doc/html/rfc6749. Acesso em: 27 dez. 2023.

- "Como usar o OAuth 2.0 para acessar as APIs do Google" – Google Developers ([s. d.]). Disponível em: https://developers.google.com/identity/protocols/oauth2?hl=pt-br. Acesso em: 27 dez. 2023.

- "Login do Facebook para web com o SDK para JavaScript" – Meta for Developers ([s. d.]). Disponível em: https://developers.facebook.com/docs/facebook-login/web/. Acesso em: 27 dez. 2023.

Após o cadastro, iremos nos deparar com outro tipo de formulário, o formulário de login. Ele tem como função fornecer campos para o usuário colocar seu login e senha, validar e liberar ou negar o acesso.

Uma sugestão é que esse formulário tenha uma página dedicada a ele, evitando a mistura com outras informações. Também não são necessários muitos campos ou informações nessa página.

Os campos comuns são os de usuário/login e senha, além de um link para recuperação de senha. Caso exista a possibilidade de utilizar os dados do Google ou Facebook, podem ser incluídos botões que direcionem o usuário a essa tarefa.

Figura 1.23 – Demonstração de duas telas de login

A primeira tela apresenta somente as opções de acesso *Login* e *Senha*. A segunda, além de *Login* e *Senha*, apresenta botões para que o usuário utilize suas credenciais do Google ou Facebook.

Algumas aplicações utilizam duplo fator de autenticação, em que, além de informações como login e senha, também é solicitado que o usuário digite um código, que pode ser enviado por e-mail, SMS ou gerado a partir de um aplicativo. Nessas situações, é interessante que o campo esteja em outra tela exclusiva para essa informação.

SUGESTÃO

O estudo sobre padrões de design é extenso. Nestas páginas, trouxemos assuntos que são mais próximos de você. Caso queira complementar sua pesquisa, recomendamos o livro *Mobile design pattern gallery* (2014), de Theresa Neil, que também foi publicado no Brasil com o nome *Padrões de design para aplicativos móveis*.

4. EXPERIÊNCIA E INTERFACE DE USUÁRIO

Como vimos, e como você já deve perceber em sua vida, o uso cada vez mais intenso dos smartphones se tornou inevitável. Desde simples anotações a documentos de identificação, passatempos como aprender a tocar um instrumento e até uma graduação na modalidade EAD dependem de recursos digitais que são acessados, muito provavelmente, por um dispositivo móvel.

Dados do relatório *Digital 2024: Brazil* (Kemp, 2024), publicado em fevereiro de 2024, mostram como estamos conectados:

- Havia 187,9 milhões de usuários de internet no Brasil no início de 2024, quando a penetração da internet era de 86,6%.

- O Brasil tinha 144 milhões de usuários de mídias sociais em janeiro de 2024, o que equivale a 66,3% da população total.

- Um total de 210,3 milhões de conexões móveis celulares estava ativo no Brasil no início de 2024, valor equivalente a 96,9% da população total.

O relatório também aponta que o tempo médio de uso do smartphone no Brasil é de cinco horas e dezenove minutos por dia. Com tantas horas conectados, precisamos que a experiência de uso nesse tempo requeira o mínimo esforço possível, seja agradável e amigável.

SUGESTÃO

Para saber mais sobre os dados anteriores, explore o relatório *Digital 2024: Brazil* no link a seguir. Você encontrará dezenas de informações interessantes para compreender melhor nosso uso da internet.

"Digital 2024: Brazil" – Simon Kemp (2024). Disponível em: https://datareportal.com/reports/digital-2024-brazil. Acesso em: 25 fev. 2024.

As grandes empresas investem milhões de dólares em pesquisa para identificar como nos manter mais tempo ativos nos aplicativos, melhorando a interface gráfica do usuário e seus algoritmos.

Com relação à interface gráfica, principal meio de interação entre nós e os aplicativos, muito mudou desde os primeiros smartphones. Foram criados conceitos e técnicas para deixá-la ainda mais intuitiva e rápida. Com isso, surgiram dois conceitos: design de experiência do usuário – User Experience Design (UX) – e design de interface do usuário – User Interface Design (UI).

UX/UI: conceitos e características

Os conceitos de experiência do usuário e interface do usuário geralmente são apresentados juntos, porém têm suas diferenças. Podemos dizer, resumidamente, que estão relacionados à qualidade do produto que é entregue ao usuário.

Lembre-se de que o design é aplicado não somente para deixar as interfaces mais agradáveis, mas também para resolver problemas e encontrar estratégias para a melhoria contínua dos produtos digitais.

User Experience Design (UX)

O termo "User Experience Design", ou "design de experiência do usuário", está diretamente ligado ao processo de criação de produtos ou serviços, em que desejamos que a experiência do usuário seja satisfatória. Esse é um ponto muito importante e que deve passar despercebido para a maioria dos usuários.

Você já parou para pensar o quanto o comportamento humano pode influenciar os produtos digitais? Em nossa vida digital, somos diariamente bombardeados por propagandas que encontram maneiras de estimular nosso desejo de compra.

Observe, a seguir, o título de uma reportagem retirada do site da Forbes:

62% dos consumidores fazem até cinco compras online por mês, aponta pesquisa

54% dos respondentes disseram que pretendem aumentar a frequência de compras pela internet nos próximos 12 meses

Fonte: Fernandes (2023).

Muitas dessas compras são feitas a partir de aplicativos nos smartphones. Ao clicar em uma propaganda dentro de uma rede social, por exemplo, o usuário pode ser direcionado para a tela do produto dentro do aplicativo da loja.

Perceba que, quanto mais objetivo e fácil um processo de compra for para o usuário, maiores serão as chances de ele finalizar o pedido. Todo o processo deve ser mapeado para que a experiência do usuário seja a melhor possível, deixando-o satisfeito para voltar e realizar uma nova compra. O exemplo de uma compra foi utilizado para que você possa perceber o quão impactante é a aplicação de conceitos de UX para as empresas.

Para facilitar os primeiros passos na criação de um produto e identificar os pontos importantes referentes à experiência do usuário, podemos dividir o processo em três partes:

- **Pesquisa**: visa identificar quais são as necessidades do cliente, com o objetivo de ser o mais assertivo possível.
- **Prototipagem**: visa criar protótipos que permitam a visualização das soluções encontradas na etapa de pesquisa, possibilitando a realização de testes antes da implementação do produto.

- **Testes**: têm como objetivo testar, a partir de usuários reais, o que foi produzido e obter informações sobre a usabilidade e o design.

Também é importante utilizar outros elementos já citados neste capítulo, como **usabilidade**, **acessibilidade** e **interface do usuário**. Além desses, deve ser considerada a **arquitetura da informação**, para que toda informação seja estruturada e organizada de maneira lógica, fácil e clara.

Um dos princípios para a criação de boas interfaces são as Heurísticas de Nielsen, criadas por Jakob Nielsen, cientista da computação e especialista em usabilidade e design de interfaces. Ele elaborou dez princípios para garantir que a interação com uma interface seja eficaz:

1. **Visibilidade do status do sistema**: o design deve sempre manter os usuários informados sobre o que está acontecendo através de feedback apropriado dentro de um período razoável.

2. **Correspondência entre o sistema e o mundo real**: o design deve falar a língua dos usuários. Use palavras, frases e conceitos familiares ao usuário em vez de jargões internos. Siga as convenções do mundo real, fazendo com que as informações apareçam em uma ordem natural e lógica.

3. **Controle e liberdade do usuário**: os usuários geralmente executam ações por engano. Eles precisam de uma "saída de emergência" claramente marcada para abandonar a ação indesejada sem ter que passar por um processo extenso.

4. **Consistência e padrões**: siga convenções da plataforma e do setor para que os usuários não tenham dúvidas sobre as informações que são apresentadas.

5. **Prevenção de erros**: boas mensagens de erro são importantes, mas os melhores designs evitam cuidadosamente a ocorrência de problemas. Elimine condições propensas a erros, ou verifique-as e apresente aos usuários uma opção de confirmação antes de se comprometerem com a ação.

6. **Reconhecimento em vez de lembrança**: torne visíveis elementos, ações e opções. O usuário não deveria ter que lembrar informações de uma parte da interface para outra.

7. **Flexibilidade e eficiência de uso**: ofereça atalhos e permita que os usuários personalizem ações frequentes.

8. **Estética e design minimalista**: cuidado com informações irrelevantes ou raramente necessárias. Cada unidade extra de informação numa interface compete com as unidades de informação relevantes e diminui a sua visibilidade relativa.

9. **Ajude os usuários a reconhecerem, diagnosticarem e se recuperarem de erros**: as mensagens de erro devem ser expressas em linguagem simples (sem códigos de erro), indicar com precisão o problema e sugerir uma solução de forma construtiva.

10. **Ajuda e documentação**: é melhor que o sistema não precise de nenhuma explicação adicional, mas, se precisar, forneça uma documentação.

SUGESTÃO

Gostou do assunto UX design e quer aprender mais? Sugerimos a consulta ao site Nielsen Norman Group, no qual você poderá conhecer novidades da área de UX lendo artigos escritos pelo próprio Jakob Nielsen: https://www.nngroup.com.

User Interface Design (UI)

O design de interface do usuário faz referência ao desenvolvimento das interfaces visuais dos aplicativos. Enquanto o UX se relaciona à experiência de uso, o UI é direcionado à aparência da interface gráfica, para que seja bonita e agradável durante o uso.

Todos os elementos visuais, como ícones, cores, tipografia e as imagens que serão utilizadas, devem ser coerentes com os objetivos do produto.

Imagine que você pesquisou por um aplicativo na loja de softwares do seu smartphone e encontrou um que provavelmente o ajudaria. Após instalar, você abre o aplicativo e se decepciona ao se deparar com cores que não são agradáveis, fontes com tamanho que dificulta a leitura, elementos que ficam escondidos na tela, além da dificuldade geral no uso. Com certeza você rapidamente fechará e desinstalará o aplicativo.

Uma boa interface deve facilitar o uso do aplicativo e garantir uma boa experiência ao usuário. Para isso, alguns pontos são importantes:

- **Hierarquia visual**: destaque elementos importantes da interface que direcionem a atenção do usuário. Um exemplo é o uso de tamanhos de fonte maiores para títulos principais.

- **Clareza e concisão**: os elementos de interação com o usuário não devem gerar dúvida sobre as ações executadas; portanto, utilize textos, ícones e botões que sejam claros sobre suas funções.

- **Consistência**: o aplicativo deve manter o estilo entre todas as telas. Mantenha o padrão de organização, tipografia e hierarquia das informações. Por exemplo, você não deve mudar o tipo de navegação (menu) entre as telas do aplicativo.

- **Acessibilidade**: não esqueça que pessoas com deficiência devem ter condições de utilizar o aplicativo criado.

Estilos de design de interface

Os estilos de design de interface servem como base para a criação consistente dos elementos gráficos. Vamos conhecê-los a seguir.

Material design

Criado pelo Google em 2014, tem como objetivo unificar a aparência dos produtos. Utiliza na interface elementos realistas, como sombras e efeitos de profundidade. A organização das informações é baseada em *grids*, e informações podem ser apresentadas em *cards* que facilitam a navegação.

Minimalista

Utiliza um espaçamento maior e elementos da interface mais simples. A tipografia é mais limpa e elegante, e as cores neutras tornam agradável o uso do aplicativo.

Flat design

Utiliza elementos de design simples, sem recursos tridimensionais ou sombras. Tem como característica o uso de cores mais vibrantes e tipografia maior. No geral, possui uma estética limpa e moderna.

Skeuomorphic design

Traz referências e sensações do mundo real para os elementos da interface, como texturas e sombras. Foi utilizado pela Apple na década de 1980 e incorporado em alguns aplicativos das primeiras versões do iOS.

Neomorfismo

Utiliza conceitos do skeuomorphic design misturados a elementos mais modernos de design, com aplicação a partir de 2020. Também incorpora referências do mundo real, como sombras que deixam os elementos com profundidade e relevo, além de trazer sofisticação e modernidade.

SUGESTÃO

Acesse o site a seguir para entender melhor o estilo neomorfismo e criar seus próprios elementos: https://neumorphic.design.

Lembre-se: no desenvolvimento de aplicações híbridas, podemos utilizar o CSS para a estilização dos elementos gráficos.

Para demonstrar de maneira simples as diferenças entre os estilos de design citados, vamos ver como pode ser a diferença do elemento Switch, também conhecido como Toggle Switch ou simplesmente Toggle.

Figura 1.24 – Switch

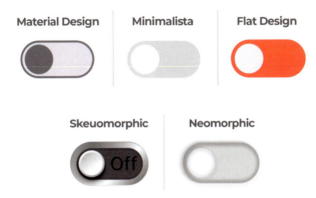

Com o uso do elemento Switch, podemos ver as diferenças entre os estilos de design. As características apresentadas acompanham todos os outros elementos que podem ser utilizados.

O **designer de interfaces** deve ter conhecimento de softwares de produção gráfica, como as ferramentas da Adobe, essencialmente Illustrator e Photoshop, e as ferramentas para a criação de protótipos, como Adobe XD.

Dicas para dispositivos móveis

Agora que você já sabe o que é UX e UI, não se esqueça de considerar as características específicas dos dispositivos móveis ao desenvolver um aplicativo.

Algumas dicas podem ser úteis:

- **Tela inicial**: mantenha a tela inicial do aplicativo organizada de maneira hierárquica, com itens importantes em destaque. Você pode manter mais próximo do topo acessos importantes, como aquela promoção imperdível.

- **Navegação**: o menu e suas opções também devem ser organizados de forma hierárquica. Escolha o tipo de navegação mais adequado ao produto que está sendo desenvolvido. Em caso de dúvidas, volte algumas páginas deste livro para relembrar os principais tipos de navegação.

- **Sistema de busca**: se o aplicativo que está sendo desenvolvido oferece muitas opções, simplifique o acesso aos recursos com o desenvolvimento de um sistema de busca eficiente, posicionando a caixa de pesquisa no topo.

- **Transações**: mantenha o máximo de objetividade durante processos importantes, como a inscrição para um campeonato ou curso e o fluxo de uma compra. O excesso de etapas pode fazer o usuário desistir de uma compra ou um cadastro.

- **Gestos**: lembre-se de que geralmente utilizamos o smartphone com apenas uma das mãos, portanto o uso de gestos pode facilitar e agilizar ações dentro do aplicativo.

Podemos observar na figura 1.25 duas capturas da tela inicial do aplicativo do Senac São Paulo. A partir dela, o aluno consegue ver no topo o curso em que está matriculado. Também fica em destaque a *Central do aluno*, com os acessos principais em formato de carrossel, facilmente navegável com o uso de gestos. No rodapé, temos a navegação principal com destaque para mais páginas importantes e um acesso ao menu no lado direito.

Na captura de tela à direita (figura 1.25), podemos ver o menu aberto, complementando todas as opções que já estavam acessíveis para o usuário a partir da tela principal do aplicativo. Essa é uma maneira de fornecer um acesso adicional e centralizado para todas as funcionalidades do aplicativo.

Figura 1.25 – Aplicativo Senac São Paulo: tela principal com opções e menu aberto

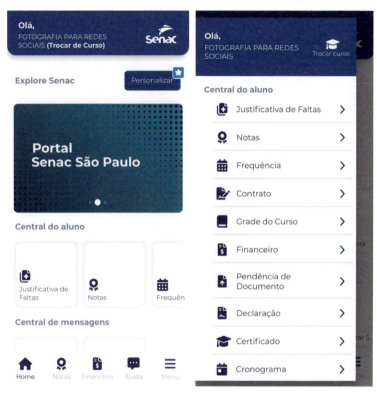

Demonstração da tela principal do aplicativo Senac São Paulo, em que é possível ver as principais opções. Na captura de tela à direita, podemos ver o menu aberto centralizando todas as opções disponíveis no aplicativo.

Adiante, na figura 1.26, temos as telas principais dos aplicativos de vendas Magalu (à esquerda) e Amazon (à direita), nas quais podemos observar no topo uma caixa de pesquisa, e no corpo, com destaque, caixas que direcionam o foco do usuário para promoções relevantes no momento.

No rodapé (figura 1.26), temos o menu de navegação, onde são colocados itens importantes para facilitar o acesso do usuário. Podemos ver em ambos os aplicativos o acesso para a página principal, conta, sacola, etc.

Figura 1.26 – Telas principais dos aplicativos Magalu e Amazon

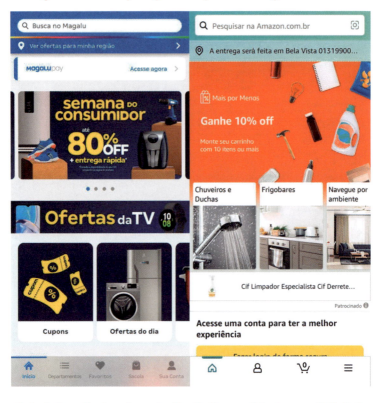

Telas principais dos aplicativos de vendas Magalu (à esquerda) e Amazon (à direita), em que podemos observar elementos estrategicamente posicionados para melhorar a experiência do usuário.

Testes de usabilidade

Ponto importante para o desenvolvimento de qualquer tipo de produto, a realização de testes serve para validar a efetividade da aplicação. Muito se fala sobre testes de software, geralmente direcionados ao teste de código para mitigar possíveis erros.

Para a experiência do usuário, os testes são feitos para verificar se a interface gráfica, principal meio de interação dos usuários, apresenta empecilhos que possam atrapalhar o fluxo de uma operação.

Testes de usabilidade têm como objetivo identificar como os usuários interagem com a interface, como realizam tarefas e se conseguem realizar determinada tarefa do início ao fim.

Como o foco do teste é a experiência do usuário, é de extrema importância que não seja realizado pela equipe de desenvolvimento, e sim pelos usuários finais da aplicação. São eles que irão interagir diariamente com a interface gráfica e são eles que trarão informações relevantes sobre possíveis melhorias.

Vale lembrar que, quanto mais usuários participarem, melhor será o desempenho do teste.

Podemos categorizar o teste de usabilidade como:

- **Exploratório**: bom teste para ser realizado no início do processo de desenvolvimento da interface, em que os usuários validam e auxiliam na identificação de novas funcionalidades.

- **Moderado**: são definidas tarefas para o usuário, que é observado por um pesquisador que, por sua vez, faz e responde a perguntas durante o processo de testes. Pode ser realizado presencialmente ou de forma remota.

- **Não moderado**: o usuário realiza uma lista de tarefas predefinidas sem o acompanhamento de um pesquisador. Deve-se ter atenção à qualidade do feedback dos usuários.

- **Pesquisa de satisfação**: são realizadas perguntas para entender e identificar se o usuário está satisfeito com a interface. Também é possível identificar se as funcionalidades apresentadas estão de acordo com as necessidades dos usuários.

- **Comparativo**: neste teste são apresentadas duas versões da mesma interface ou até interfaces de aplicativos concorrentes, em que o usuário apresenta suas opiniões e identifica-se a versão de sua preferência.

Lembre-se de que o seu trabalho é criar a interface que ofereça a melhor experiência para os usuários.

SUGESTÃO

Ferramentas de prototipação como o Adobe XD oferecem a possibilidade de compartilhar um protótipo de alta fidelidade para a realização de testes. O link a seguir apresenta um artigo do Blog da Adobe sobre aplicativos que podem ser utilizados para a realização de testes de interface:

"Protótipo interativo com apenas 6 plug-ins Adobe XD e DESIGN UX" – Adobe Brasil (2021). Disponível em: https://blog.adobe.com/br/publish/2021/05/19/prototipo-interativo-com-apenas-6-plug-ins-adobe-xd-e-design-ux. Acesso em: 27 maio 2024.

Alguns métodos podem ser utilizados para a realização de testes de usabilidade. Não há necessidade de utilizar todos, apenas aqueles que se adéquem às demandas específicas e ao orçamento disponível:

- **Teste em laboratório**: realizado presencialmente em local adequado. Um pesquisador acompanha e mantém o controle sobre o teste para que todos os participantes realizem as tarefas em condições iguais.

- **Entrevista por telefone**: o pesquisador instrui o usuário por telefone na realização de tarefas, podendo ou não gravar os passos para a realização dos processos. É recomendável a gravação.

- **Ordenação de cartões**: são apresentados cartões com etapas para a realização de tarefas. Os usuários identificam os cartões e os ordenam da maneira que entendem ser a mais lógica. Ao final, eles apresentam suas opiniões sobre as escolhas. Ótimo método para identificar a estrutura de navegação do usuário pela interface do aplicativo.

- **Teste de cinco segundos**: é apresentada a interface do aplicativo que se deseja avaliar por cinco segundos. Após esse tempo, são realizadas perguntas específicas. Ótimo para identificar limitações de design.

- **Teste de observação**: permite a observação do comportamento, movimentos e expressão dos usuários durante a realização de tarefas. Um moderador acompanha o teste sem interferir no processo.

Para resultados mais eficientes, faça a escolha dos participantes que utilizarão o aplicativo. Com aproximadamente cinco a dez pessoas já é possível obter bons resultados. Durante os testes, avalie tarefas amplas, compostas por várias etapas, e tarefas específicas, mais simples.

Não esqueça que os testes de usabilidade são realizados para a identificação de problemas relacionados à experiência do usuário ao utilizar o aplicativo. O objetivo, portanto, é aumentar a taxa de conversão, ou seja, fazer com que mais usuários utilizem o aplicativo desenvolvido.

Teste de acessibilidade

No contexto da acessibilidade no desenvolvimento de interfaces para dispositivos móveis, devemos dar atenção ao contraste, que, de forma resumida e aplicado às cores, se refere à diferença entre claro e escuro.

Figura 1.27 – Exemplo de imagens com e sem contraste

SEM CONTRASTE   COM CONTRASTE

Na figura, vemos à esquerda um boxe com fundo amarelo e texto branco que não apresenta contraste. No lado direito vemos um boxe com fundo branco e texto preto que apresenta contraste.

Para evitar a falta de contraste, não devemos utilizar uma composição entre cores similares. O boxe da esquerda na figura 1.27 apresenta as cores branco e amarelo, que são muito similares, isto é, duas cores claras em uma composição, causando dificuldade de leitura por falta de contraste.

Os níveis de contraste recomendados pelas WCAG são:

- **WCAG 2.1 AA**: taxa de contraste de pelo menos 3:1 para gráficos e componentes de interface do usuário (como bordas de entrada de formulário).

- **WCAG 2.1 AAA**: taxa de contraste de pelo menos 7:1 para texto normal e 4,5:1 para texto grande.

Como alternativa, podemos utilizar a ferramenta sugerida anteriormente, o Adobe Color, para testar o boxe da esquerda. Com isso, obtemos o resultado apresentado na figura 1.28.

Figura 1.28 – Resultado do teste de contraste com Adobe Color

Você pode até ter pensado: "Ah, se deixar o fundo branco e o texto amarelo, ficará melhor!". Para evitar dúvidas, a figura 1.29 mostra essa combinação.

Figura 1.29 – Exemplo de imagem sem contraste

Outro exemplo com variação do boxe sem contraste.

No exemplo da figura 1.29, continuamos combinando as cores branco e amarelo, que são similares, causando falta de contraste. Viu só? Não se esqueça da regra e evite a combinação de cores similares.

PRÁTICA

 Acesse o site https://color.adobe.com/pt/ e utilize o verificador de contraste com as cores dos exemplos apresentados. Veja o resultado do teste e faça outras combinações para ver se você compreendeu bem este tópico.

ARREMATANDO AS IDEIAS

Iniciamos este capítulo resgatando a história do telefone celular, que evoluiu até chegar ao nosso conhecido smartphone, considerado indispensável nos dias de hoje.

Conhecemos os principais sistemas mobile, Android e iOS, que são os sistemas operacionais dos dispositivos móveis; os tipos de aplicativos móveis, nativos e híbridos; e as Web Standards, que são as recomendações para o desenvolvimento web.

Também conhecemos os elementos e softwares necessários para a criação de layouts de aplicativos, considerando uso de cores e posicionamento de objetos, além de entender a importância dos conceitos de UX e UI.

Aproveite para ampliar sua percepção durante o uso do smartphone e seus aplicativos, compreendendo os padrões de design e como eles impactam sua produtividade. Busque também identificar como os conceitos de usabilidade e acessibilidade são aplicados para nos manter mais tempo conectados.

Com prática e conhecimento, você poderá se destacar como designer na construção de interfaces gráficas de sucesso.

CAPÍTULO 2

Fundamentos de desenvolvimento para aplicativos móveis

Vamos iniciar este segundo capítulo com uma breve reflexão a partir de um estudo de caso fictício:

Em uma área afastada no campo, encontra-se uma população isolada na qual a maioria das crianças não consegue frequentar escolas convencionais por causa da longa distância e da falta de estrutura. Recentemente, uma organização não governamental local resolveu enfrentar esse desafio criando um aplicativo educativo para dispositivos móveis, com o intuito de oferecer acesso à educação básica e fundamental.

Durante a criação do aplicativo, o time responsável encontra inúmeros obstáculos. É fundamental não só garantir a excelência do material educativo, mas também a facilidade de acesso para uma comunidade com recursos tecnológicos limitados. Adicionalmente, é preciso adequar o aplicativo às diversas faixas etárias e níveis de habilidade dos estudantes, assegurando que seja acessível e eficaz para todos.

O time enfrenta o desafio de desenvolver uma solução que não seja totalmente dependente de conexões de internet constantes, pois a disponibilidade de internet na região é instável. É necessário elaborar planos para viabilizar o acesso off-line ao material educativo, assegurando que os estudantes sigam aprendendo mesmo sem conexão com a rede.

Ao final, o time enfrenta o desafio ético de assegurar que o aplicativo respeite e enalteça a cultura regional, incluindo elementos que sejam pertinentes e significativos para a população, enquanto estimula o desenvolvimento de habilidades fundamentais.

O texto apresentado reflete sobre a importância da inclusão digital no âmbito educacional.

De que maneira podemos desenvolver aplicativos que incentivem uma utilização mais equilibrada e consciente dos dispositivos móveis?

E levando em conta a diversidade cultural e econômica dos indivíduos que utilizam esses dispositivos em âmbito global, como criar aplicativos que sejam de fácil acesso para todos, sem depender de seu ambiente e possibilidades financeiras?

Para ajudá-lo a alcançar bons resultados e um público abrangente, vamos conhecer aqui os ambientes de desenvolvimento de aplicativos, as ferramentas e as técnicas que melhoram a experiência do usuário, trazendo os fundamentos para a criação eficaz e inclusiva de aplicativos móveis. Aproveite este capítulo para aperfeiçoar seus conhecimentos em programação.

1. AMBIENTES DE DESENVOLVIMENTO

O desenvolvimento mobile atualmente se refere à criação de aplicativos que podem ser utilizados em equipamentos portáteis, como celular, tablet e smartwatch.

Para criar um aplicativo móvel, é necessário um conjunto de ferramentas de desenvolvimento para escrever alguns blocos de códigos, chamados de programação. Esse tipo de ambiente é indispensável para que todo o processo de desenvolvimento – escrita do código, testes, visualização do andamento e implementação – se torne mais fácil e rápido.

Os equipamentos utilizados para o ambiente de desenvolvimento mobile são:

- Desktop (Windows e Linux).
- Notebook (Windows e Linux).
- MacBook (MacOS).
- iMac (MacOS).

Figura 2.1 – iMac e MacBook: equipamentos da Apple

Linguagens de programação mobile

A grande quantidade de linguagem de programação mobile disponível hoje no mercado mundial acaba deixando muitos desenvolvedores iniciantes com dúvidas na hora de escolher uma para iniciar seu projeto.

Primeiro, é importante definir para quais sistemas operacionais a aplicação será disponibilizada. Como vimos no primeiro capítulo, o mercado conta com dois principais sistemas operacionais: Android e iOS (Apple).

Outro ponto importante a ser levado em consideração são as versões desses sistemas, pois cada um possui versões baseadas em números crescentes.

Para começar um bom trabalho, precisamos então definir, no caso do Android, a API (interface de programação de aplicações) de desenvolvimento. Isso impacta diretamente a quantidade de aparelhos que estarão aptos a receber a instalação do aplicativo.

Nas figuras 2.2 e 2.3, observe a quantidade de aparelhos relacionada a algumas APIs.

Figura 2.2 – API 27: compatível com quase 92% dos aparelhos

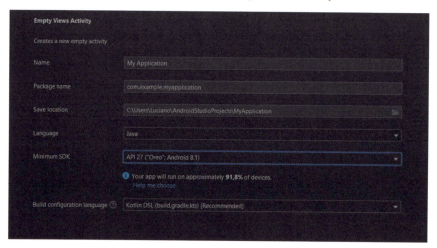

A versão do Android 8.1 com nome de Oreo, que é da API 27, consegue atender 91,8% dos aparelhos desenvolvidos para Android.

Figura 2.3 – API 33: compatível com 22,4% dos aparelhos

A versão do Android 13.0 com nome de Tiramisu, que é da API 33, consegue atender 22,4% dos aparelhos desenvolvidos para Android.

Para desenvolver uma aplicação Android ou iOS, é preciso escolher a linguagem de programação. As mais conhecidas e utilizadas são descritas a seguir, separadas por plataforma:

- iOS:
    - **Swift**: linguagem de programação criada pela Apple para atender a criação de aplicativos para os equipamentos da própria empresa. Fácil de utilizar e bem consistente.
    - **Objective-C**: durante muito tempo foi a principal linguagem de desenvolvimento utilizada para criar aplicativos para os equipamentos da Apple. Permaneceu única até o ano de 2014, quando a linguagem Swift foi lançada com muitas melhorias.
- Android:
    - **Java**: está entre as mais utilizadas do mundo, indicada como uma das três linguagens de programação oficiais do Google. Pode ser um pouco complicada para desenvolvedores iniciantes. Como principais características, é fortemente tipada e orientada a objetos.
    - **Kotlin**: linguagem recentemente oficializada pelo Google. A vantagem em relação ao Java é que é possível criar uma aplicação com uma quantidade menor de código. Consequentemente, torna-se mais fácil de utilizar. O Kotlin também utiliza o Java Virtual Machine, como o Java.
    - **C/C++**: não recomendada para desenvolver aplicativos para Android. O Android Studio oferece suporte para esta linguagem, utilizando o Android Native Development Kit (NDK). Assim, os códigos não são executados no Java Virtual Machine, mas de forma nativa diretamente no aparelho, oferecendo mais controle sobre os componentes internos e também sobre aplicações mais complexas, como jogos 3D.
- Híbrido:
    - **Lua**: linguagem de programação amplamente utilizada quando o assunto é desenvolvimento de jogos em 2D. Por ser considerada

uma linguagem pouco complexa, é adequada para desenvolvedores iniciantes.

- **JavaScript**: linguagem que utiliza tecnologias web para desenvolver aplicações mobile, com grande crescimento nos últimos anos. Vem se tornando popular entre os desenvolvedores por ser muito robusta e permitir o desenvolvimento de aplicações web e mobile. A sintaxe da linguagem é enxuta e com poucas linhas, possibilitando escrever aplicações complexas com a utilização de classes e funções.

- **C#**: linguagem de programação desenvolvida pela Microsoft, também é utilizada para o desenvolvimento mobile e conhecida pela sua robustez. Fortemente tipada, apoia-se no desenvolvimento orientado a objetos, o que a torna uma linguagem mais difícil para desenvolvedores iniciantes.

- **Dart**: foi criada pelo Google inicialmente para substituir o JavaScript, mas a comunidade de desenvolvimento não a aceitou muito bem e continuou preferindo o JavaScript. O Dart se popularizou com o Flutter em grandes empresas, porém atualmente não tem muito sucesso.

Plataformas de desenvolvimento integrado

O ambiente de desenvolvimento integrado, conhecido como **IDE** (Integrated Development Environment), transformou a maneira como os desenvolvedores lidam com seus projetos. Com grande variedade de funcionalidades e ferramentas incorporadas, ele facilita a criação de software, desde a codificação até a depuração e teste.

Muito mais que somente um editor de texto avançado, um IDE proporciona um ambiente completo que inclui editor de código, ferramentas de compilação, debug e gestão de projetos em um único conjunto coeso. Essa integração simplifica a movimentação entre as diversas partes do código, o que é fundamental em projetos de alta complexidade.

Além das principais funcionalidades de edição e construção de código, os IDEs disponibilizam uma variedade de **recursos avançados** para aumentar a eficiência e otimizar o trabalho dos programadores:

- **Complemento automático de código**: diminui o tempo necessário para inserir o código, apresentando sugestões relevantes conforme a pessoa digita.

- **Depuração unificada**: possibilita detectar e corrigir falhas de maneira simples, acompanhando o decorrer da execução do software.

- **Gestão de versão unificada**: realiza a conexão com plataformas de gestão de versão, como o Git, facilitando a administração de modificações no código principal.

- **Exame estático de programação**: auxilia na detecção de possíveis falhas no código, como equívocos de estrutura e padrões irregulares.

Um dos benefícios das ferramentas de desenvolvimento modernas é a possibilidade de **personalização** e **ampliação**. Os programadores têm a liberdade de adaptar o ambiente de trabalho conforme suas preferências, seja através da utilização de temas, ajustes de configurações ou inclusão de extensões que atendam às demandas individuais.

Com muitas opções disponíveis, a escolha do IDE adequado é primordial para os desenvolvedores, assim como devem ser considerados a linguagem de programação, os gostos pessoais e as necessidades do projeto.

Alguns dos ambientes de desenvolvimento integrado mais utilizados são apresentados a seguir.

NetBeans

O NetBeans é reconhecido como um dos IDEs mais consolidados e populares, destacando-se por sua variedade de recursos e estabilidade. Desde seu surgimento, tem conquistado muitos desenvolvedores em diversas linguagens, como Java, PHP, HTML5, entre outras. Com interface amigável e uma extensa lista de funcionalidades, proporciona um ambiente de desenvolvimento eficaz e muito produtivo.

Apareceu no início dos anos 2000, quando foi concebido como um projeto de código aberto pela Sun Microsystems. Desde então, passou por diversas evoluções e atualizações importantes, integrando novas funcionalidades e aprimoramentos de desempenho ao longo do processo. Em 2010, a Oracle Corporation comprou a Sun Microsystems, assumindo a responsabilidade pelo desenvolvimento contínuo do NetBeans.

O NetBeans dispõe de diversas ferramentas que auxiliam os programadores a otimizar seu desempenho e agilidade:

- **Suporte para diversas linguagens**: apesar de ser amplamente reconhecido por sua assistência no desenvolvimento em Java, o NetBeans também disponibiliza suporte para outras múltiplas linguagens, como PHP, HTML5, JavaScript e C/C++.

- **Interface amigável**: a plataforma do NetBeans foi elaborada de forma a ser amigável e simples de utilizar, possibilitando que os programadores direcionem sua atenção para a escrita do código sem serem incomodados.

- **Recursos de reestruturação**: a ampla variedade de recursos de reestruturação auxilia na otimização e remodelação do seu código de maneira simples.

- **Debugging integrado**: a depuração integrada facilita a detecção e resolução de defeitos no código, possibilitando monitorar o andamento do programa de forma eficaz.

- **Administração de projetos**: o NetBeans oferece ampla funcionalidade para administração de projetos, com suporte para controle de versão incorporado e facilidades para compilar e implantar.

Sua comunidade dinâmica e participativa é uma das principais vantagens da plataforma, que engloba desenvolvedores de diferentes países. Essa comunidade colabora de diversas formas, oferecendo plugins e extensões que ampliam as funcionalidades do IDE e atendem às demandas específicas dos desenvolvedores.

Figura 2.4 – NetBeans: ambiente de trabalho

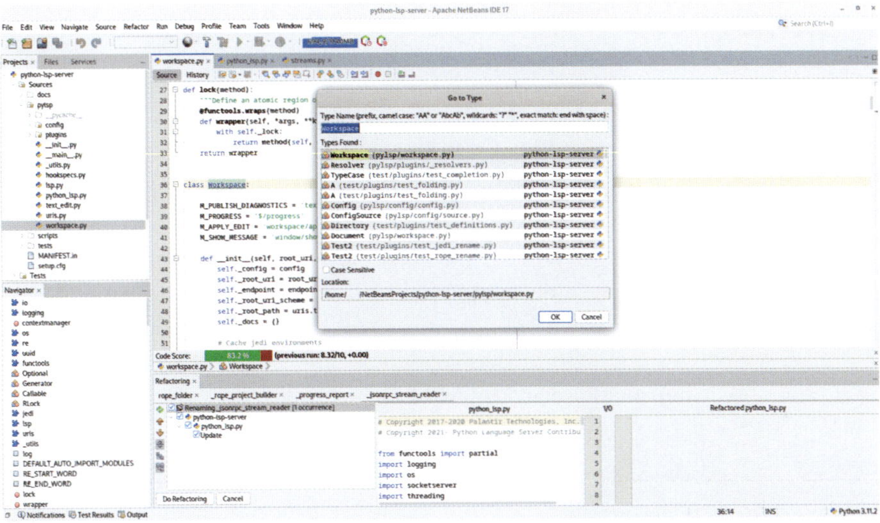

Eclipse

O Eclipse se destaca como um dos principais IDEs do mercado de desenvolvimento de software, amplamente utilizado e reconhecido. Sua versatilidade, capacidade de expansão e comunidade ativa fazem dele a opção preferida para diversos tipos de linguagens de programação e projetos. Ao longo deste capítulo, analisaremos as funcionalidades e benefícios do Eclipse, exemplificando como ele contribui para a produtividade dos desenvolvedores em escala global.

Em 2001, o Eclipse surgiu como uma iniciativa de software aberto impulsionada pela IBM. Desde então, passou por transformações importantes e se tornou um projeto autônomo gerenciado pela Eclipse Foundation, uma entidade sem fins lucrativos comprometida com a promoção de tecnologias de código aberto. Com o tempo, conquistou uma grande base de usuários e desenvolvedores, graças à sua estrutura modular e flexibilidade para se adequar a diferentes ambientes de programação.

Esse ambiente disponibiliza diversas funcionalidades avançadas que o tornam uma opção atrativa para programadores em várias situações:

- **Plataforma unificada**: reúne um editor de código eficiente, recursos de compilação, depuração e administração de projetos, tudo em uma interface única e integrada.

- **Suporte a vários idiomas**: apesar de ser mais reconhecido pelo suporte ao desenvolvimento Java, ele também é compatível com linguagens como o C/C++, Python, PHP e várias outras.

- **Design modular**: viabiliza aos programadores ampliar e adaptar o IDE por meio de extensões. Isso facilita a inclusão de recursos de outras fontes e a formação de ambientes de trabalho personalizados.

- **Controle de versão integrado**: é possível acessar sistemas de controle de versão, como o Git e Subversion, diretamente pela interface, simplificando o acompanhamento das modificações no código-fonte.

- **Recursos para melhoria e correção de código**: diversos recursos para refatoração e depuração ajudam a aprimorar a qualidade do código, além de identificar e resolver erros.

O Eclipse conta com uma comunidade global ativa e variada de programadores, colaboradores e usuários. Essa comunidade se encarrega de atualizar e melhorar o IDE, criar novos complementos e oferecer suporte e materiais educativos para garantir o máximo proveito do Eclipse.

Figura 2.5 – Eclipse: ambiente de trabalho

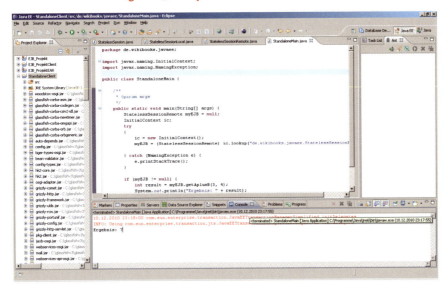

Visual Studio

O programa Visual Studio, criado pela Microsoft, é uma das plataformas de desenvolvimento integrado mais conhecidas e utilizadas em âmbito global. Com funcionalidades avançadas, o Visual Studio proporciona um ambiente completo e dinâmico para a criação de diversos tipos de aplicativos, que vão desde páginas web e apps mobile até softwares para computador e serviços na nuvem. Aqui, iremos investigar os elementos fundamentais e a influência do Visual Studio no processo de desenvolvimento de software.

O Visual Studio surgiu no final da década de 1990 com o lançamento pela Microsoft da primeira edição do IDE. No decorrer do tempo, passou por evoluções e melhorias significativas, adicionando novas funcionalidades a cada versão. A empresa tem dedicado constantemente recursos para o aprimoramento do Visual Studio, transformando-o em uma ferramenta consistente e essencial para profissionais de desenvolvimento em todas as áreas.

Ele também apresenta muitas ferramentas e funcionalidades:

- **Suporte a diversas linguagens**: oferece suporte para várias linguagens de programação, tais como C#, Visual Basic, C++, F# e Python.

Essa funcionalidade possibilita que os programadores atuem em diversos tipos de projetos, desde aplicativos de computador até aplicativos para dispositivos móveis e serviços baseados em nuvem.

- **Variedade de instrumentos**: o Visual Studio disponibiliza uma variedade de instrumentos para depurar e diagnosticar, auxiliando na rápida e eficaz identificação e resolução de problemas em seus aplicativos.

- **Conexão com Azure**: possui forte integração com a infraestrutura em nuvem da Microsoft, o Azure, o que torna mais fácil o processo de desenvolvimento, implementação e administração de aplicativos na nuvem.

- **Funcionalidades de trabalho em grupo**: suas ferramentas de colaboração permitem aos programadores trabalhar de maneira eficaz em conjunto, compartilhando códigos, realizando análises de código e coordenando projetos de forma colaborativa.

- **Flexibilidade**: possui grande capacidade de adaptação, possibilitando personalizar e ampliar sua interface por meio de diversas extensões e complementos disponíveis no Visual Studio Marketplace.

O programa Visual Studio conta com uma comunidade global de desenvolvedores, colaboradores e usuários engajados e variados. Além disso, a Microsoft disponibiliza diversos recursos educacionais, documentação e suporte técnico.

Figura 2.6 – Microsoft Visual Studio: ambiente de trabalho

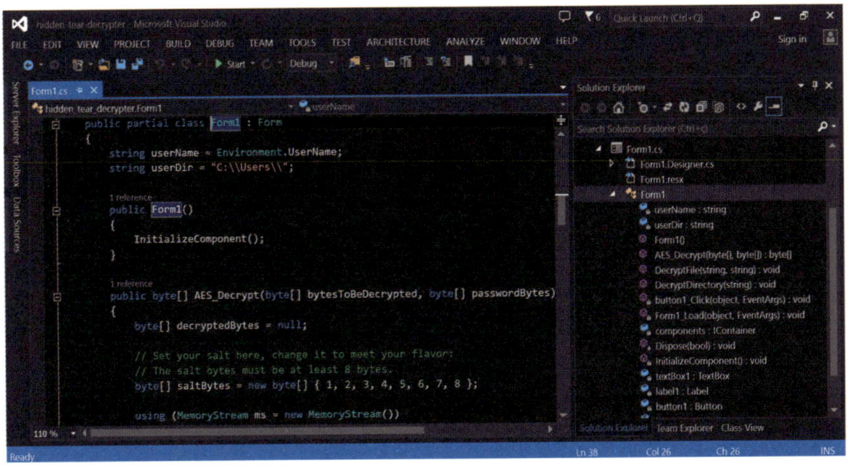

Visual Studio Code

O Visual Studio Code, ou VS Code, é uma das plataformas de programação mais usadas e eficazes atualmente. Criado pela Microsoft e introduzido em 2015, tornou-se rapidamente famoso por sua facilidade de uso, desempenho e várias funcionalidades. Vamos examinar aqui os pontos cruciais e o impacto do VS Code na indústria de desenvolvimento de software.

Ele surgiu como uma solução de código aberto, versátil e facilmente personalizável, criada para atender às atuais demandas dos programadores. Seu objetivo é oferecer simplicidade, eficiência e adaptação, garantindo uma experiência de desenvolvimento satisfatória para diferentes linguagens e sistemas operacionais.

O VS Code apresenta diversas funcionalidades avançadas que o tornam interessante para programadores de diferentes níveis de expertise:

- **Suporte a múltiplas linguagens**: abrange desde as linguagens de programação mais conhecidas, como JavaScript, Python e Java, até aquelas menos populares.

- **Flexibilidade**: uma das principais qualidades do VS Code é sua habilidade de ser ampliado por meio de extensões. A variedade de extensões disponíveis permite que os desenvolvedores personalizem e expandam as funcionalidades do editor de acordo com suas necessidades individuais.

- **Design intuitivo e customizável**: apresenta um design claro e de fácil compreensão, com opções para personalização de temas, paletas de cores e disposição do editor, possibilitando aos programadores adaptar o ambiente de trabalho conforme suas preferências.

A plataforma conta com ferramentas de depuração integradas que auxiliam na identificação e correção de erros de maneira eficaz em diversas linguagens de programação. Também oferece suporte integrado para sistemas de controle de versão, como o Git, facilitando a administração das mudanças no código-fonte.

Possui uma comunidade engajada e variada de programadores e colaboradores em diferentes partes do mundo. Essa comunidade disponibiliza uma vasta gama de extensões, layouts e materiais educativos que enriquecem o ambiente da ferramenta e ajudam a aumentar sua eficiência.

Figura 2.7 – VS Code: ambiente de trabalho

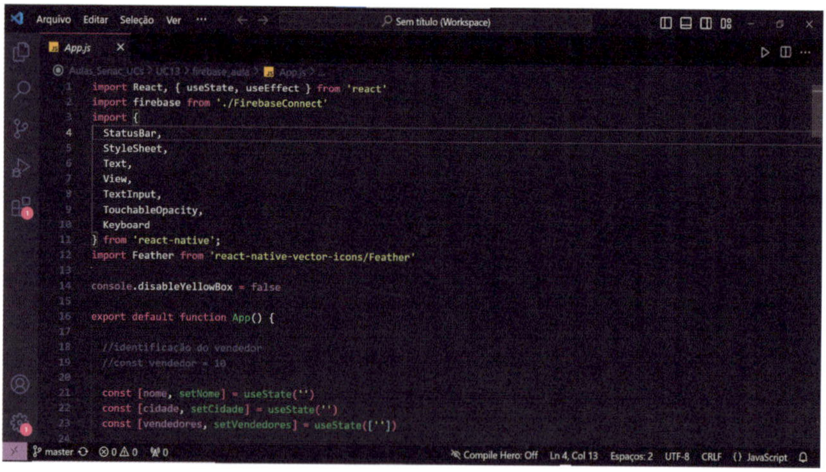

Estrutura de projetos e arquivos

A organização dos elementos e documentos necessários para criar um aplicativo para dispositivos móveis é conhecida como **estrutura de projeto** e **arquivos mobile**. Essa estrutura engloba os códigos-fonte, imagens, configurações e demais itens essenciais para o desenvolvimento e funcionamento do aplicativo em smartphones e tablets.

Em um projeto mobile, é comum encontrar uma organização formada por vários diretórios e documentos, cada um com uma função única no desenvolvimento do aplicativo. Alguns elementos recorrentes na estrutura de um projeto mobile são:

- **Diretório de programação**: inclui todos os documentos de programação do programa, redigidos em linguagens como Java, Kotlin (para sistemas Android) ou Swift (para dispositivos iOS).

- **Conteúdo**: nesta pasta estão armazenados todos os conteúdos do aplicativo, como fotos, símbolos, registros de áudio, registros de design, entre outros.

- **Documentos de configuração**: armazenam informações específicas do programa, tais como autorizações, definições de compilação, configurações de ambiente, etc. As bibliotecas e dependências costumam ser armazenadas em um diretório próprio para ampliar as funcionalidades do projeto.

- **Documentos de construção e personalização da iniciativa**: são empregados pelos mecanismos de construção, como o Gradle para dispositivos Android ou o Xcode para aparelhos iOS.

A forma como um projeto móvel é organizado pode ser diferente dependendo da plataforma de desenvolvimento utilizada (Android, iOS ou multiplataforma, como o React Native e Flutter), das ferramentas e frameworks adotados, e também das escolhas da equipe de desenvolvimento. Mesmo assim, é fundamental ter uma estrutura de arquivos lógica e coesa para facilitar o processo de desenvolvimento, manutenção e colaboração no projeto.

Figura 2.8 – Estrutura React Native Bare

Figura 2.9 – Estrutura React Native Expo

2. FRAMEWORKS

Os frameworks são conhecidos como coleções de recursos, componentes e normas previamente estabelecidas que oferecem suporte para a programação de aplicações. Têm como finalidade simplificar a elaboração de programas e sistemas, disponibilizando uma base na qual possamos desenvolver e incorporar funcionalidades particulares.

Essas estruturas costumam englobar elementos para lidar com atividades usuais, como administração de banco de dados, processamento de solicitações web, visualização de interface do usuário, entre outras. Podem ser aplicadas em diversas áreas de criação de programas – criação web, criação de aplicativos para smartphones, de softwares para computadores, etc.

São vantajosas porque ajudam a poupar tempo ao oferecer soluções predefinidas para desafios comuns, além de incentivar a adoção de boas práticas de codificação e garantir a uniformidade no código.

Alguns frameworks disponíveis no mercado são:

- **Plataformas web**: Django (Python), Ruby on Rails (Ruby), Flask (Python), Express.js (Node.js), ASP.NET (C#), Laravel (PHP), etc.

- **Bibliotecas de desenvolvimento front-end**: React.js, Angular, Vue.js, Ember.js, etc.

- **Plataformas para desenvolvimento de aplicativos mobile**: Flutter (Dart), React Native (JavaScript/TypeScript), Xamarin (C#), etc.

- **Plataformas para criação de jogos**: Unity (C#), Unreal Engine (C++), Phaser (JavaScript), etc.

Essas plataformas disponibilizam a base para vários tipos de programas e apresentam diversidade em relação à complexidade, funcionalidades e metas específicas.

A seguir, vamos conhecer as características de alguns desses programas.

Programas para criação de aplicativos

React Native

O React Native, criado pela Meta, é um software de criação de aplicativos para dispositivos móveis que funciona em diversas plataformas. Com ele, os desenvolvedores podem criar aplicativos nativos tanto para iOS quanto para Android utilizando JavaScript e React.

Com o desenvolvimento multiplataforma, é possível codificar apenas uma vez e fazer a distribuição em várias plataformas, como iOS e Android. Isso se torna viável devido à metodologia de renderização nativa, o que possibilita a renderização dos componentes da interface do usuário por meio dos elementos nativos de cada plataforma.

Ao seguir a abordagem por componentes, o React Native possibilita aos desenvolvedores criar interfaces de usuário reutilizáveis e independentes. Esses componentes podem ser compartilhados entre diferentes partes do aplicativo e até mesmo entre diferentes aplicativos.

O React Native também permite a integração com as APIs nativas de cada sistema operacional através de módulos JavaScript, o que viabiliza a utilização de funcionalidades intrínsecas dos dispositivos, como câmera, GPS, sensores e alertas.

Outra vantagem é o recarregamento rápido, que possibilita aos programadores visualizar as alterações no código em tempo real, sem precisar reiniciar o aplicativo. Isso agiliza consideravelmente o processo de desenvolvimento e facilita a experimentação e iteração no código.

Com desempenho aprimorado devido à técnica de renderização nativa, os aplicativos criados com React Native costumam apresentar performance semelhante à dos aplicativos nativos, principalmente quando comparados a outros frameworks de desenvolvimento multiplataforma que utilizam WebView.

A comunidade React Native é bastante participativa, conta com diversos desenvolvedores e uma grande variedade de bibliotecas e recursos para ampliar suas funcionalidades (bibliotecas para navegação, controle de estado, integração com APIs nativas, etc.).

Por conta de sua praticidade, agilidade de programação e eficiência, tem sido uma opção bastante procurada para o desenvolvimento de aplicativos móveis em diversas empresas. Grandes companhias, como Facebook,

Instagram, Airbnb e Uber Eats, utilizam essa ferramenta para criar aplicativos de alto desempenho e de fácil escalabilidade para iOS e Android.

Flutter

O Flutter é uma plataforma de código aberto criada pelo Google com o propósito de desenvolver aplicativos móveis nativos para iOS e Android a partir de uma única fonte de código. Utilizando a linguagem Dart, destaca-se por sua abordagem inovadora em comparação com outros frameworks disponíveis no mercado.

Pelo Flutter, podemos redigir um mesmo código em Dart e convertê-lo para funcionar em várias plataformas, como iOS, Android, web e desktop (em fase experimental). Esse método facilita o processo de criação e atualização, já que dispensa a obrigação de elaborar e manter códigos distintos para cada plataforma.

Também é orientado a componentes para desenvolver interfaces de usuário, disponibilizando uma ampla quantidade de componentes customizáveis e versáteis que podem ser agrupados e personalizados para produzir designs elaborados e visualmente atrativos.

DICA

Comece com um projeto simples para aprender os conceitos básicos do desenvolvimento de aplicativos móveis.

O Flutter utiliza sua própria tecnologia avançada de processamento, chamada Skia, para criar interfaces de usuário fluidas e ágeis, mesmo em aparelhos com capacidades limitadas.

Da mesma forma que o React Native, o Flutter apresenta suporte ao *live reload*, permitindo que os programadores visualizem as alterações no código em tempo real, sem precisar reiniciar o aplicativo. Essa funcionalidade acelera o processo de desenvolvimento e possibilita uma iteração mais ágil.

Tem total integração com as APIs nativas de cada plataforma por meio de plugins desenvolvidos em Dart ou nas respectivas linguagens nativas, como Kotlin/Java para Android e Swift/Objective-C para iOS. Dessa forma, é possível incorporar funcionalidades nativas do dispositivo, como câmera, geolocalização e sensores.

Apesar de ser mais novo que outras alternativas, o Flutter conta com uma comunidade em constante expansão e uma vasta coleção de pacotes e plugins disponíveis no repositório pub.dev, tornando mais fácil a inclusão de novas funcionalidades nos aplicativos.

Por causa de sua eficiência, facilidade de uso e capacidade de produzir aplicativos de excelência com um único código-base, o Flutter tem se tornado cada vez mais popular, principalmente entre startups, companhias de tecnologia e programadores autônomos. Grandes empresas, como Alibaba, Google Ads e Tencent, têm utilizado a plataforma.

Xamarin

Xamarin é uma ferramenta para criação de aplicativos móveis que possibilita desenvolver aplicativos nativos para iOS, Android e Windows utilizando C# e o framework .NET. Adquirida pela Microsoft em 2016, a ferramenta foi integrada ao ambiente de desenvolvimento da empresa.

Programadores conseguem compartilhar uma parte considerável do código entre os sistemas iOS, Android e Windows, resultando em alta produtividade no desenvolvimento. Essa integração é viabilizada pelo uso de bibliotecas e APIs compartilhadas do .NET, juntamente com recursos como o Xamarin.Forms para a construção de interfaces de usuário unificadas.

O Xamarin faz uso da linguagem de programação C# e do framework .NET, que são bastante familiares para os programadores. Assim, é possível utilizar competências e ferramentas já existentes, como o Visual Studio e Visual Studio Code, para desenvolver aplicativos móveis de forma eficiente.

A ferramenta também possibilita a integração total com as APIs nativas de cada sistema operacional através de bindings em C#, facilitando a incorporação de funcionalidades nativas do dispositivo, como câmera, localização e sensores. Dessa forma, os aplicativos criados com Xamarin apresentam a mesma interface e desempenho de um aplicativo nativo.

Xamarin.Forms é o nome da ferramenta que permite criar interfaces de usuário que podem ser usadas no iOS, Android e Windows utilizando o XAML (Extensible Application Markup Language) como base. Com isso, torna-se mais fácil desenvolver aplicativos para várias plataformas, uma vez que é possível criar uma única interface que se ajusta automaticamente aos diferentes sistemas operacionais.

A Microsoft oferece suporte ao Xamarin ao dar acesso a diversas ferramentas, recursos e assistência técnica. Além disso, a comunidade é participativa e está em constante crescimento, fornecendo uma variedade de pacotes e plugins para ampliar as funcionalidades dos aplicativos.

O Xamarin é frequentemente adotado por organizações interessadas em desenvolver aplicativos móveis nativos de maneira eficaz, principalmente aquelas que já utilizam tecnologias da Microsoft ou que têm experiência com C# e .NET. Empresas como Alaska Airlines, UPS e BBC Good Food utilizam essa plataforma para criar aplicativos de alta performance.

Bibliotecas para desenvolvimento

Os recursos adicionais para programação são conjuntos de códigos preestabelecidos que disponibilizam funcionalidades específicas para os programadores utilizarem em suas criações.

Diferentemente dos frameworks, os recursos adicionais não oferecem uma estrutura completa de aplicativo, mas sim conjuntos de ferramentas que podem ser integrados em projetos já existentes conforme a necessidade surgir.

É comum que os programadores façam uso de bibliotecas para resolver desafios na área de programação, como tratamento de informações, criação de representações visuais, segurança de dados, edição de imagens e afins. Essas ferramentas ajudam a poupar tempo ao disponibilizar soluções prontas para questões recorrentes, o que favorece a concentração em aspectos mais exclusivos do processo de desenvolvimento de software.

Um exemplo de biblioteca para desenvolvimento é o **React.js**, uma ferramenta de programação em JavaScript criada pelo Facebook com o objetivo de facilitar a construção de interfaces de usuário interativas e responsivas. Essa tecnologia é muito popular na criação de sites e aplicativos, permitindo o desenvolvimento desde projetos mais simples até aplicações web sofisticadas e dinâmicas.

Algumas funcionalidades dessa biblioteca são:

- **Divisão em componentes**: separação da interface do usuário em partes reutilizáveis e autônomas, cada uma com sua função e estado interno. Essa abordagem simplifica a criação e atualização de interfaces mais complexas, ao mesmo tempo que estimula a reutilização de códigos.

- **Virtual DOM**: versão em memória leve do DOM real. Esse recurso permite atualizações eficientes no DOM real por meio da comparação entre o Virtual DOM antes e depois de uma alteração, aplicando apenas as mudanças necessárias. Com isso, obtém-se um desempenho otimizado e uma experiência do usuário mais ágil.

- **Tecnologia JSX (JavaScript XML)**: extensão da sintaxe JavaScript que possibilita a construção de interfaces de usuário de maneira declarativa e familiar, mesclando HTML e JavaScript. Assim, facilita-se a criação de componentes, e o código fica mais legível e expressivo.

- **Estado e características**: a utilização de props (características) e state (estado) torna mais simples o controle do estado da aplicação e a troca de informações entre componentes. As props são empregadas para enviar dados de um componente superior para um subcomponente, ao passo que o estado é usado para armazenar dados que podem ser alterados dentro de um componente.

- **Direção única de informações**: conceito de fluxo de informações unidirecional, no qual as informações se movem em uma única direção ao longo da hierarquia de componentes. Essa abordagem auxilia na manutenção de um código mais previsível e simples de compreender, diminuindo a incidência de problemas relacionados a estados inconsistentes.

- **Ecossistema amplo**: ecossistema extenso e em constante evolução, que inclui bibliotecas e recursos adicionais, como React Router para roteamento, Redux para controle de estado global, Material-UI para elementos de interface do usuário, etc.

Graças à sua eficácia, praticidade e comunidade engajada, o React.js se tornou uma opção bastante requisitada para a criação de aplicações web contemporâneas. Empresas de diferentes portes, desde pequenas startups até grandes corporações, fazem uso dessa tecnologia, que é amplamente aceita no mercado de desenvolvimento de software.

SUGESTÃO

Que tal testar o uso da biblioteca React.js? Acesse o site e crie suas próprias interfaces de usuário: https://reactnative.dev/ (endereço para ambiente mobile).

Recursos e aplicabilidade

No contexto da criação de aplicativos para dispositivos móveis, o chamado progresso móvel se refere ao desenvolvimento e evolução contínuos de tecnologias, práticas e abordagens que aprimoram a experiência de uso em dispositivos móveis.

Elementos e utilidades no progresso móvel envolvem, assim, os componentes, as capacidades e as metodologias empregadas para elaborar aplicativos móveis eficazes e chamativos.

Aqui, vamos descrever alguns dos principais elementos e sua utilização no progresso móvel:

- **Design responsivo de UI/UX**: uma boa interface de usuário (UI) e uma experiência de usuário (UX) intuitiva são fundamentais para o êxito de um aplicativo para celular. Os elementos de design responsivo asseguram que o aplicativo se ajuste a dimensões de tela variadas e orientações em dispositivos móveis diversos.

- **Manipulações táteis**: os aparelhos portáteis são regularmente operados por meio de gestos na tela; logo, movimentos como toque, deslize, arraste e *pinch-to-zoom* favorecem o uso espontâneo e contínuo.

- **Mensagens push**: as mensagens push possibilitam que os aplicativos enviem comunicados essenciais e atualizações diretamente aos aparelhos dos usuários, mantendo-os conectados e informados sobre acontecimentos importantes, novos materiais ou ações dentro do aplicativo.

- **Localização geográfica**: a utilização da localização geográfica possibilita que os aplicativos ofereçam serviços com base na posição dos usuários, como orientações, sugestões personalizadas, localização de estabelecimentos próximos e muitas outras funcionalidades.

- **Conexão com redes sociais**: facilitar aos usuários a possibilidade de se conectar e compartilhar informações por meio de plataformas como Facebook, Twitter, Instagram e LinkedIn pode potencializar a visibilidade do aplicativo e favorecer a conquista de novos usuários.

- **Armazenamento na nuvem**: a utilização de plataformas de armazenamento em nuvem, como Amazon Web Services (AWS), Google Cloud Platform (GCP) ou Microsoft Azure, permite que os aplicativos armazenem e acessem informações de maneira segura e flexível, proporcionando uma experiência homogênea em distintos aparelhos.

- **Proteção**: assegurar a proteção dos dados é primordial para salvaguardar a confidencialidade e veracidade das informações dos clientes. Medidas como verificação em duas etapas, codificação de dados e adesão a normas de privacidade, como GDPR e CCPA, garantem a proteção do software.

- **Integração de ferramentas de análise e monitoramento**: ferramentas como o Google Analytics, Firebase Analytics ou Flurry são úteis para acompanhar o desempenho do aplicativo, entender o comportamento dos usuários e identificar possíveis melhorias.

DICAS

Para atingir um grande número de usuários e oferecer uma experiência uniforme a todos, devemos assegurar que o aplicativo seja adequado a diversos dispositivos móveis e versões de sistema operacional. Além disso, é importante manter o aplicativo atualizado com novas funcionalidades e correções de erros, garantindo sua competitividade e relevância no mercado. Para corrigir bugs e adicionar melhorias, recomendamos fazer a manutenção regularmente.

3. PERSISTÊNCIA DE DADOS

A durabilidade de informações se relaciona à retenção de dados de forma duradoura, para que eles possam ser recuperados e consultados mais tarde mesmo após o fechamento de um programa ou a desativação de um sistema.

Esse é um elemento essencial na maioria dos softwares, pois possibilita que as informações sejam preservadas e aproveitadas a longo prazo.

Há muitas maneiras de aplicar a persistência de informações:

- **Sistemas de armazenamento de dados relacionais (RDBMS)**: essas soluções guardam informações em tabelas interligadas por meio de chaves. Algumas opções são MySQL, PostgreSQL, SQL Server e Oracle.

- **Bases de dados NoSQL**: os sistemas de armazenamento NoSQL têm o objetivo de armazenar e recuperar informações que não se adaptam de forma eficaz a um modelo relacional tradicional. Eles podem ser organizados em formato de documentos, colunas, grafos, etc. Alguns exemplos populares são MongoDB, Cassandra e Neo4j.

- **Documentação**: as informações podem ser guardadas em documentos no sistema de armazenamento do computador, tanto em formas de texto (como XML, YAML) quanto em formas binárias (como Parquet, ORC).

- **Memória cache**: dispositivos de memória cache armazenam temporariamente informações em memória para acesso rápido. Esse recurso é bastante usado em ambientes on-line para guardar dados que são acessados com frequência, como, por exemplo, os resultados de buscas em bancos de dados.

- **Serviços de armazenamento em nuvem**: serviços como Amazon S3, Google Cloud Storage e Microsoft Azure Blob Storage viabilizam a armazenagem de dados de maneira escalável e de fácil acesso por meio da internet.

- **Armazenamento temporário**: a durabilidade pode ser alcançada por meio do armazenamento temporário, no qual as informações são temporariamente guardadas na memória principal do sistema para facilitar o acesso rápido. Todavia, essas informações podem ser efêmeras e correm o risco de ser perdidas em situações de falha ou reinicialização.

A escolha do método de armazenamento de dados depende de exigências particulares do software. É preciso considerar critérios como desempenho, capacidade de expansão, consistência e durabilidade dos dados. Frequentemente é necessário utilizar uma combinação de técnicas de armazenamento para suprir as necessidades apresentadas.

Armazenamento local

Para guardar informações de forma local em aplicativos móveis, há diversas alternativas; cada uma possui suas vantagens e situações ideais de uso. Listamos a seguir as opções mais utilizadas:

- **SQLite**: ferramenta de banco de dados relacional muito utilizada em aplicativos móveis como Android e iOS. Com ela, é possível criar e gerenciar um banco de dados local diretamente no dispositivo móvel. Sua popularidade se deve à sua leveza, praticidade e compatibilidade com diversas plataformas.

- **Core Data (iOS)/Room (Android)**: são recursos para armazenar informações disponibilizados pela desenvolvedora da Apple (Core Data) e pela empresa Google (Room). Core Data é um sistema de modelagem de dados orientado a objetos (ORM) para dispositivos iOS e macOS, ao passo que Room é uma biblioteca de armazenamento de informações para aparelhos Android projetada com base no SQLite. Ambos proporcionam uma camada de abstração mais avançada se comparados ao SQLite tradicional, simplificando o gerenciamento de dados em certas situações.

- **SharedPreferences (Android)/UserDefaults (iOS)**: com o intuito de guardar dados em pequena escala, como as informações de configurações do aplicativo, é possível utilizar o SharedPreferences no Android e o UserDefaults no iOS. Ambos os recursos possibilitam o armazenamento de pares de chave-valor de maneira prática e eficaz.

- **Armazenamento local**: os programas têm a capacidade de guardar informações em arquivos locais no armazenamento do dispositivo. Essa função se mostra útil para guardar informações sem estrutura específica ou quando não é preciso um banco de dados completo. Os programas podem utilizar formatos como JSON ou XML para codificar e decodificar os dados. No caso do React Native, pode-se utilizar o AsyncStorage.

- **Cache de dados**: os aplicativos para dispositivos móveis oferecem a opção de usar a memória cache para armazenar informações temporariamente, o que pode resultar em um melhor funcionamento e menor necessidade de acessar o armazenamento permanente.

Quando se trata de definir a melhor alternativa de armazenamento local para um aplicativo móvel, é essencial levar em conta aspectos como a dificuldade dos dados a serem guardados, as exigências de performance, a praticidade e manutenção, e também a plataforma-alvo (Android, iOS ou ambos). Em muitas situações, pode ser mais vantajoso combinar diferentes técnicas de armazenamento local para atender de forma eficaz às demandas específicas do aplicativo.

Armazenamento em nuvem

O armazenamento em nuvem é uma técnica muito utilizada para guardar informações de usuários de maneira segura e acessível em qualquer lugar por meio de aplicativos móveis. Diversas alternativas podem ser adotadas para incorporar essa prática:

- **Plataforma de serviços em nuvem da Amazon (AWS)**: disponibiliza uma grande quantidade de serviços de armazenamento na nuvem, como o Amazon S3 (Simple Storage Service) para armazenar objetos, o Amazon DynamoDB para bancos de dados NoSQL e o Amazon RDS para bancos de dados relacionais. Esses recursos podem ser integrados em aplicativos móveis utilizando kits de desenvolvimento específicos para plataformas como iOS e Android.

- **Plataforma Google Cloud (GCP)**: disponibiliza soluções comparáveis à AWS, como o Google Cloud Storage para guardar arquivos e o Google Cloud Firestore para gerenciamento de bancos de dados NoSQL. Além disso, possui funcionalidades para facilitar a integração com aplicativos móveis por meio de SDKs e APIs.

- **Microsoft Azure**: disponibiliza uma série de serviços, como o Azure Blob Storage para armazenar objetos, o Azure Cosmos DB para utilizar bancos de dados NoSQL e o Azure SQL Database para bancos de dados relacionais. Também oferece SDKs e APIs para facilitar a integração com aplicativos móveis.

- **Firebase**: o Google disponibiliza o Firebase, uma plataforma para desenvolvimento de aplicativos que conta com diferentes serviços de armazenamento em nuvem, como o Firebase Realtime Database (um banco de dados JSON em tempo real) e o Firebase Cloud Firestore (um banco de dados NoSQL). Além disso, o Firebase oferece armazenamento de arquivos, autenticação de usuários, análise, mensagens em nuvem e outras funcionalidades essenciais para aplicativos móveis.

Além dos principais fornecedores de serviços de armazenamento em nuvem, existem diversas alternativas, como o IBM Cloud e DigitalOcean Spaces, que também podem ser integradas em aplicativos móveis.

A decisão de qual fornecedor utilizar varia de acordo com as necessidades específicas do software, levando em consideração escalabilidade, desempenho, segurança e integração com outras plataformas e serviços. Em diversos casos, os programadores escolhem utilizar uma combinação de serviços de diferentes fornecedores.

SUGESTÃO

Conheça algumas plataformas de serviços em nuvem:

https://aws.amazon.com/pt/ (AWS)

https://cloud.google.com (GCP)

https://azure.microsoft.com/pt-br (Azure)

4. FLUXOS DE APLICAÇÃO E CONTROLES VISUAIS

O design de interfaces de usuário para aplicativos móveis requer a presença de fluxos de aplicação e controles visuais móveis, que são essenciais para garantir a interação dos usuários com o aplicativo.

Esses elementos dizem respeito à forma como os usuários navegam e executam tarefas no aplicativo, bem como à maneira como essas interações são exibidas visualmente na tela do dispositivo.

O **caminho de utilização** é o encadeamento de telas e interações que um usuário segue ao utilizar o software, desde a primeira tela até os ajustes de configuração, preenchimento de formulários, exibição de resultados e assim sucessivamente. Um caminho de aplicação bem elaborado deve ser fácil de entender, conciso e focado no propósito do usuário.

Os **elementos de interface gráfica** referem-se aos objetos presentes na interface de um sistema que os usuários utilizam para interagir com o software. Podemos citar como exemplos os botões, barras de menus, opções de navegação, caixas de seleção, campos de texto, etc. É fundamental que eles sejam desenvolvidos considerando a facilidade de uso, a uniformidade e a acessibilidade.

O **layout flexível** é também fundamental para que os aplicativos de celular possam se adaptar a variados tamanhos de tela e direções (paisagem e retrato), assegurando que os componentes da interface se redimensionem de forma automática em aparelhos móveis de dimensões e modelos diversos.

O **design de aplicativos** conta com padrões predefinidos para desenvolver interfaces coesas e familiares aos usuários. Um exemplo são as diretrizes do Material Design, do Google, para aplicativos Android, e a Human Interface Guidelines (HIG), da Apple, para aplicativos iOS.

O **retorno visual instantâneo** é importante para as interações do usuário, como os cliques em botões, movimentos na tela ou digitação de texto. Isso garante que a ação seja percebida pelo aplicativo de forma eficiente, tornando a experiência mais ágil e atrativa para o usuário.

Por fim, é essencial conduzir **testes com usuários** para avaliar a efetividade da experiência do usuário e da interface visual. Essa prática é capaz de identificar possíveis confusões, obstáculos na navegação ou questões de usabilidade que precisam ser corrigidas antes do lançamento do aplicativo.

Manipulação de telas

O **React Navigation** é uma ferramenta bastante utilizada no desenvolvimento de aplicativos móveis com React Native, responsável por gerenciar a transição entre diferentes telas.

Com ele, é possível criar sistemas de navegação de forma simples e versátil para uma experiência de uso intuitiva e eficiente. A seguir, destacamos alguns dos principais aspectos e ideias relacionados ao React Navigation:

- **Exploradores (explorers)**: diversas opções de exploradores podem ser utilizadas para aplicar vários estilos de navegação, como navegação em ordem, navegação em abas e navegação em gaveta. Os exploradores mais populares são o createStackNavigator, createBottomTabNavigator, createMaterialTopTabNavigator e createDrawerNavigator.

- **Caminhos (paths)**: cada página em uma aplicação React Navigation está ligada a um caminho. Os caminhos são configurados dentro de um navegador e determinam qual componente da página será mostrado quando o caminho for alcançado.

- **Abordagem declarativa na navegação**: forma declarativa de estabelecer a organização da navegação em um aplicativo. Isso quer dizer que você determina as rotas e o layout da navegação utilizando componentes React básicos e expressões JSX, facilitando a compreensão e a manutenção do código.

- **Recursos de navegação (navigation props)**: todo elemento de interface recebe de forma automática um conjunto de recursos de navegação, tais como navegação, rota e parâmetros, que podem ser utilizados para interagir com o sistema de navegação, enviar dados entre telas e obter informações sobre a rota atual.

- **Navegação automática**: além da navegação dependente das ações do usuário (como clicar em um botão para acessar outra página), o React Navigation possibilita a navegação automática, em que é possível transitar entre telas diretamente através do código em JavaScript.

- **Customização**: há diversas alternativas de personalização para estilizar o visual e o funcionamento da navegação em sua aplicação. Isso engloba a customização dos *headers* das telas, das transições de animação, das opções de navegação, etc.

- **Utilização de hooks**: a partir de atualizações mais recentes, o React Navigation possibilita a utilização completa dos hooks do React, tornando mais simples a criação de componentes de navegação e o controle do estado da aplicação.

O React Navigation é uma opção que se destaca no desenvolvimento de aplicativos React Native por sua flexibilidade, praticidade e pela colaboração ativa da comunidade. Presente em diversos aplicativos móveis, essa ferramenta é constantemente aprimorada com novas funcionalidades e melhorias.

Dentro do React Native, a interação com telas envolve a movimentação entre diversos elementos de tela em um aplicativo. Existem muitas alternativas e recursos para facilitar essa transição e navegação entre telas; uma das formas mais populares é por meio da biblioteca React Navigation, que disponibiliza uma série de componentes e ferramentas para a criação de sistemas de navegação em aplicativos React Native.

Vejamos um caso simples de como gerenciar telas utilizando o React Navigation. Para começar, adicione o React Navigation ao seu aplicativo React Native: **npm install @react-navigation/native**.

Figura 2.10 – Instalação do React Navigation na aplicação

Para adicionar as bibliotecas necessárias para implementar a navegação desejada (como navegação em pilha, abas, etc.), é preciso instalar as dependências adicionais adequadas. Por exemplo, no caso da navegação em pilha: **npm install @react-navigation/native-stack react-native-screens react-native-safe-area-context**.

Figura 2.11 – Instalação das dependências do React Navigation

Para personalização, ajuste a rota em seu software (normalmente em um menu de navegação principal). A figura 2.12 mostra o código para a rota em empilhamento de telas.

Figura 2.12 – Exemplo de código para criar a estrutura

A função createNativeStackNavigator retorna um objeto com dois atributos: **Screen** e **Navigator**. Esses elementos são componentes do React utilizados para personalizar o navegador. O Navigator precisa incluir elementos Screen como filhos para determinar as configurações das rotas.

O Container de Navegação é o elemento responsável por administrar a estrutura de navegação e manter o estado da navegação. É recomendado cercar toda a composição dos navegadores com esse componente. Geralmente, ele é renderizado na raiz da aplicação, que costuma ser o componente exportado do App.js.

Caso o código seja rodado, uma interface será exibida com uma barra de navegação sem conteúdo e uma região cinza com o componente Home Screen. Os estilos presentes na barra de navegação e na região de conteúdo são os padrões para um navegador de pilha.

Figura 2.13 – Tela sem conteúdo renderizada

Todos os ajustes da trajetória são definidos como complementos para o nosso sistema de navegação. Não é fornecida nenhuma personalização, portanto o sistema de navegação utiliza apenas as configurações predefinidas.

Precisamos incluir mais uma tela em nosso navegador básico e programar para que a tela inicial seja a Home a ser exibida inicialmente.

Figura 2.14 – Tela adicionada para executar a navegação de telas

```
function DetailsScreen() {
    return (
        <View style={{ flex: 1, alignItems: 'center', justifyContent: 'center' }}>
            <Text>Details Screen</Text>
        </View>
    );
}

const Stack = createNativeStackNavigator();

function App() {
    return (
        <NavigationContainer>
            <Stack.Navigator initialRouteName="Home">
                <Stack.Screen name="Home" component={HomeScreen} />
                <Stack.Screen name="Details" component={DetailsScreen} />
            </Stack.Navigator>
        </NavigationContainer>
    );
}
```

Atualmente, nosso conjunto de rotas conta com duas opções: uma rota chamada **Home** e outra rota chamada **Details**. Para definir uma rota, é necessário utilizar o componente Screen. Esse componente requer uma propriedade chamada **name**, que especifica o nome da rota que será utilizada para navegação, e uma propriedade chamada **component**, que indica qual componente será renderizado.

Neste cenário, a rota Home está relacionada ao componente **HomeScreen** e a rota Details corresponde ao componente **DetailsScreen**. A primeira rota da pilha é a rota Home. Experimente modificá-la para Details e atualize o aplicativo (o Fast Refresh do React Native não irá atualizar as mudanças de initialRouteName). Perceba que agora será exibida a tela Details. Em seguida, alterne de volta para Home e atualize novamente.

Comunicação entre componentes

Para proporcionar uma experiência consistente e fluida aos usuários dos aplicativos móveis, é fundamental a **comunicação entre os diferentes componentes**. As formas de realizar essa comunicação podem variar de acordo com a estrutura do aplicativo e as exigências do desenvolvimento.

Vejamos a seguir algumas técnicas usuais de comunicação entre componentes no React Native:

- **Props**: uma forma muito comum de compartilhar informações entre elementos no React Native é pelas props (propriedades). Os elementos superiores conseguem enviar dados para os elementos inferiores por meio das props, facilitando o acesso dentro do componente receptor.

- **State Management Libraries**: em programas mais avançados, utilizar bibliotecas de controle de estado, como Redux ou MobX, pode ser vantajoso. Essas ferramentas possibilitam centralizar os dados em um estado global, facilitando o acesso e a modificação desses dados por diferentes componentes.

- **Context API**: a API de Contexto do React possibilita o compartilhamento de informações entre os componentes sem a necessidade de enviá-las manualmente através de props em todos os níveis da hierarquia de componentes. É particularmente útil para dados que são requeridos por diversos componentes em diferentes níveis da hierarquia.

- **Event Emitter/Event Bus**: é possível utilizar um sistema de evento personalizado (também chamado de Event Emitter ou Event Bus) para facilitar a comunicação entre componentes que não possuem relação direta. Essa abordagem pode ser vantajosa para os casos em que os componentes não estão aninhados uns dentro dos outros.

- **REF**: utilize as REFs para estabelecer uma conexão direta entre um componente pai e um componente filho. Isso facilita o acesso do componente pai aos métodos ou propriedades do componente filho.

- **Callback Functions**: da mesma forma que no JavaScript convencional, é possível transferir funções de callback entre os componentes para que um componente filho consiga comunicar o componente pai sobre eventos ou ações que foram desencadeadas.

- **Event Handling (Native Modules)**: em casos específicos nos quais a comunicação entre componentes precisa ser feita com código nativo, você pode criar e usar módulos nativos para lidar com eventos e comunicação entre componentes React Native.

- **Bibliotecas de navegação**: caso esteja utilizando uma biblioteca de navegação como o React Navigation, esta também disponibiliza recursos para a transferência de parâmetros entre as telas e controle do estado da navegação.

A definição da estratégia de comunicação entre elementos no React Native depende da estrutura, da extensão e da complexidade do aplicativo, além das preferências do programador. Em diversas situações, é comum mesclar diferentes métodos para atender às exigências particulares do aplicativo.

Controles, eventos, alertas e WebView

Na criação de programas de computador, principalmente em aplicativos para celulares e websites, os elementos de interface, eventos, avisos e visualizações da web têm funções cruciais na comunicação com os usuários e na apresentação de informações.

Dentro do React Native, encontramos a utilização de controles, eventos, alertas e WebView de maneira semelhante, porém com particularidades próprias do ambiente. Vamos apresentar aqui uma breve explicação de como esses conceitos são aplicados no React Native.

Os componentes de interface do usuário (UI) interativos, também conhecidos como **controles**, são os botões, campos de texto, menus e outros elementos com os quais o usuário pode interagir. Para implementar esses controles, são utilizados componentes React específicos, tais como TouchableOpacity, Button, TextInput, etc. É possível personalizar e estilizar esses controles de acordo com as necessidades do aplicativo, fazendo uso de propriedades e estilos disponíveis no React Native. Também é possível manipular eventos (Events) associados aos controles.

Da mesma forma que no React, o React Native utiliza funções de callback para manipular **eventos** que são ativados pelo usuário. Por exemplo: é possível criar uma função para lidar com o clique do usuário no evento onPress de um botão. Os eventos no React Native são tratados de maneira similar aos eventos no React para web, porém com algumas distinções de sintaxe e comportamento específicas da plataforma móvel.

O componente Alert no React Native permite criar **alertas** modais de maneira simples. Com esse componente, podem ser exibidas mensagens de alerta, solicitações de confirmação e solicitações de entrada de forma intuitiva.

Os alertas no React Native seguem a mesma lógica dos alertas em JavaScript para web, mas com estilização adaptada às normas de design da plataforma móvel. Além disso, é possível utilizar o WebView para outras funcionalidades.

O recurso **WebView** no React Native possibilita a integração de navegadores da web em um aplicativo React Native, sendo útil para mostrar conteúdos da web, como páginas HTML, dentro do aplicativo. Ele consiste em uma versão encapsulada do recurso nativo de WebView disponível nas plataformas iOS e Android, propiciando uma experiência de visualização web nativa no aplicativo React Native.

Em resumo, no React Native, os elementos de controle, eventos, alertas e WebView são aplicados por meio de componentes e APIs específicos da estrutura React Native. A intenção é sempre criar uma experiência de usuário envolvente e interativa em aplicativos móveis.

5. TESTES E DEPURAÇÃO DE APLICATIVOS

Como vimos, a realização de testes e depuração em aplicativos móveis durante o seu desenvolvimento é essencial para ter certeza de que o produto funcionará corretamente.

Neste tópico, apresentamos algumas etapas usuais para conduzir esses testes e corrigir erros em aplicativos móveis:

- Desenvolva casos de teste para avaliar o funcionamento de partes específicas do código. Utilize frameworks de teste, como o JUnit no Android ou o XCTest no iOS.

- Examine a ligação entre diferentes elementos do software. Confira a interação com APIs de terceiros, bancos de dados e demais recursos.

- Execute testes para assegurar o pleno funcionamento de todas as funções do software. Garanta que todos os caminhos de interação do usuário sejam testados conforme o esperado. Realize os Testes de Aceitação do Usuário (UAT).

- Envolva indivíduos reais para experimentar o programa e dar opiniões. Identifique falhas e pontos a serem aprimorados a partir das avaliações dos usuários e avaliações de performance.

- Analise o funcionamento do aplicativo em cenários variados, como em redes com baixa velocidade de conexão ou quando o dispositivo está sobrecarregado. Recorra a recursos como o Android Profiler ou o Instruments no Xcode para detectar possíveis problemas de desempenho.

- Analise a praticidade do software, considerando a facilidade de uso e a compreensão das telas. Realize avaliações de usabilidade com usuários para assegurar uma interação intuitiva.

- Utilize as ferramentas de debug disponíveis no ambiente de programação. Procure por problemas no código, incluindo exceções e bugs. Faça uso de logs e mensagens de impressão para acompanhar o funcionamento do programa em tempo de execução. Realize testes de compatibilidade.

- Experimente o aplicativo em diversos aparelhos e versões do sistema operacional. Certifique-se de que está operando de forma adequada em diferentes tipos de telas e dimensões de dispositivos. Realize testes de segurança.

- Analise a segurança do aplicativo a fim de assegurar a proteção de informações críticas. Realize testes de invasão para detectar possíveis brechas e garantir a adesão aos protocolos de segurança recomendados.

- Valide o procedimento de atualização do software para assegurar uma transição fluida entre as diferentes versões. Certifique-se de que as preferências do usuário e os dados sejam mantidos intactos ao realizar as atualizações.

Com a verificação e correção de erros durante o desenvolvimento de um aplicativo, buscamos um resultado que esteja em conformidade com o esperado e que proporcione, assim, uma boa experiência ao usuário.

Testes automatizados

Para um processo de desenvolvimento rápido e permanente, realizamos testes automatizados de unidades. A função deles é fazer a verificação de trechos específicos de código, como classes e funções, de maneira independente das demais partes do programa.

Além dos frameworks JUnit (Android) e XCTest (iOS), são utilizados os testes automatizados de interface do usuário (UI Tests), que auxiliam na validação da interação do usuário com o aplicativo de forma automatizada.

Esses testes automatizados facilitam a comunicação com a interface do usuário para garantir o correto funcionamento dos elementos da interface. Alguns dos frameworks mais utilizados nesse processo são o Espresso para dispositivos Android e o XCTest UI para dispositivos iOS.

Os **testes de integração** automatizados verificam a interação entre os vários elementos do sistema, como a conexão com APIs de terceiros e o armazenamento de dados. Para realizá-los, é possível utilizar bibliotecas desenvolvidas para a linguagem e plataforma em questão, assim como ferramentas que possibilitam simular o funcionamento de servidores.

Também fazem parte desse processo os **testes de aceitação** automatizados (ATDD/BDD), que se utilizam de cenários de aceitação automatizados para assegurar que o software esteja de acordo com as demandas comerciais. Tanto o Cucumber quanto o Calabash são ferramentas que permitem a criação de testes de aceitação automatizados utilizando linguagem simples.

A automação de **testes de performance** emprega a simulação de carga e estresse para analisar o rendimento do software em situações variadas. Softwares como JMeter e Gatling são capazes de conduzir esses testes de desempenho de modo automático.

Já os **testes de regressão** automatizados servem para que as modificações no código não tragam novos erros ou gerem retrocessos. Muitas vezes, esses testes são incorporados ao fluxo de integração contínua.

Os **testes de compatibilidade** realizam a automação dos testes em uma variedade de dispositivos, navegadores e sistemas operacionais. São exemplos de aplicativos úteis para a execução desses testes o Appium e o Selenium.

A identificação de falhas de segurança no código do aplicativo também é feita de forma automática. Aplicativos móveis passam por **testes de segurança** automatizados com o auxílio de algumas ferramentas, como OWASP ZAP e MobSF.

Com a inclusão desses testes, é possível detectar rapidamente problemas e alcançar a qualidade e confiabilidade do aplicativo no momento do lançamento.

Qualidade de software

Num mercado tão concorrido como o dos dispositivos móveis, é importante priorizar a qualidade do software móvel. Por isso, listamos aqui alguns elementos que influenciam diretamente na eficiência do software móvel:

- Rapidez de carregamento, capacidade de responder às ações do usuário e otimização do uso de recursos do aparelho.

- Usabilidade e experiência do usuário (UX), englobando fatores como fácil navegação, design atrativo, feedback preciso e uniforme.

- Adaptação para diversos tipos de smartphones, contemplando várias marcas, medidas de tela e versões de SO para alcançar um público mais abrangente.

- Segurança à proteção dos dados do usuário e do aplicativo em si.

- Aplicativo consistente e seguro, prevenindo erros constantes, travamentos e situações inesperadas.

- Inclusão de testes abrangentes e contínuos, como testes de unidade, integração, regressão, desempenho e segurança. Tanto os testes automatizados quanto os manuais devem ser parte do processo de desenvolvimento.

É imprescindível coletar e analisar o retorno dos usuários para identificar setores que necessitam de melhorias e solucionar problemas presentes no aplicativo. A habilidade de atender às demandas e inquietações dos usuários pode impactar positivamente a satisfação e fidelização do cliente.

DICAS

Mantenha o aplicativo atualizado e realize manutenções frequentes para resolver falhas, incluir novas funcionalidades e assegurar que ele funcione corretamente nas versões mais recentes de dispositivos e sistemas operacionais móveis. Ao dedicar atenção especial a esses pontos e seguir boas diretrizes de desenvolvimento e teste, você poderá criar um aplicativo móvel com excelência e oferecer uma experiência de uso satisfatória aos usuários. Participe de comunidades on-line para interagir com outros desenvolvedores e lembre-se de praticar constantemente para desenvolver suas habilidades.

ARREMATANDO AS IDEIAS

Como vimos neste capítulo, os ambientes de desenvolvimento para aplicativos móveis são essenciais para facilitar o processo de criação de códigos, testes e implementação em dispositivos portáteis como celulares e tablets.

Existem diversas linguagens de programação no mercado, cada uma com características específicas e indicadas para diferentes plataformas. Para o desenvolvimento de aplicativos Android, pode-se escolher entre linguagens como Java, Kotlin e C/C++. Já para o iOS, as opções incluem Swift e Objective-C, ambas criadas pela Apple.

Os chamados IDEs, ambientes de desenvolvimento integrado, oferecem suporte para codificação, compilação, depuração e gestão de projetos. A integração de ferramentas simplifica o trabalho em projetos complexos, permitindo um fluxo mais eficiente.

NetBeans, Eclipse e Visual Studio são alguns dos IDEs mais populares na atualidade. Cada uma dessas plataformas possui recursos específicos e um ambiente amigável para o desenvolvimento de software em diversas linguagens.

Já as bibliotecas para desenvolvimento são conjuntos de códigos predeterminados que disponibilizam funcionalidades específicas para os programadores. Também são importantes elementos como design responsivo de UI/UX, manipulações táteis, mensagens push, localização geográfica e integração com redes sociais para o desenvolvimento de aplicativos móveis eficazes e atrativos.

Quando falamos em consistência de dados, a segurança dos dados e a integração de ferramentas de análise e monitoramento são cruciais para garantir a confidencialidade das informações dos clientes e acompanhar o desempenho do aplicativo.

No design de interfaces de usuário para aplicativos móveis, devemos considerar os fluxos de aplicação e controles visuais móveis. O React Navigation é uma ferramenta popular no desenvolvimento de aplicativos React Native que permite a criação de sistemas de navegação de forma simples e versátil. Propriedades, bibliotecas de controle de estado, Event Emitter, REF, funções de callback, Event Handling e bibliotecas de navegação são algumas técnicas usadas para a interação entre componentes no React Native.

Por fim, abordamos as etapas de testes e depuração ao longo do desenvolvimento de aplicativos móveis. Testes com usuários são feitos para avaliar a experiência do usuário e a interface visual, identificando possíveis melhorias antes do lançamento do aplicativo.

Para manter a qualidade do software móvel, é preciso priorizar a rápida resposta às ações do usuário, a usabilidade e a experiência do usuário, a segurança, a estabilidade e a realização de testes abrangentes e contínuos. Além disso, recomenda-se sempre coletar feedback dos usuários, manter atualizações e realizar manutenções.

CAPÍTULO 3

Web Services

Imagine que você é dono de uma loja on-line que vende produtos eletrônicos. Você utiliza uma plataforma de e-commerce para gerenciar seu site de vendas, mas também possui um sistema ERP (Enterprise Resource Planning) separado para gerenciar inventário, contabilidade e pedidos.

Quando um cliente realiza uma compra, o estoque deve ser atualizado automaticamente no ERP, e o status do pedido deve ser refletido em tempo real para o cliente no site da loja. Como garantir que essas informações estejam sempre atualizadas tanto no site quanto no sistema?

O Web Service, assunto deste capítulo, seria uma ótima solução para o caso apresentado. Para entendermos melhor o que é essa tecnologia de integração, vamos conhecer o conceito, os tipos de Web Services, seus protocolos e procedimentos para consumo, e como alguns recursos e sistemas se conectam em aplicativos móveis.

1. DEFINIÇÃO E TIPOS DE WEB SERVICES

Web Services são serviços disponibilizados na internet que possibilitam a um sistema acessar funcionalidades específicas já desenvolvidas. Trata-se de uma tecnologia fundamental para o domínio da computação distribuída e que permite a comunicação e interação entre sistemas de softwares de plataformas diferentes.

Essa comunicação e interação ocorrem com o uso de um conjunto de padrões e protocolos que exercem a função de interpretação para que diferentes aplicativos realizem essas atividades independentemente da plataforma ou linguagem em que foram desenvolvidos.

Os padrões e protocolos funcionam como uma espécie de interface entre as aplicações: recebem as requisições de um sistema, traduzem para que o outro execute determinada ação e, com isso, retornam a informação de modo que o sistema que efetuou a requisição consiga interpretar corretamente e trabalhar com esses dados.

Para explicar melhor, podemos usar a analogia de um diálogo entre um alemão e um japonês, em que ambos sabem apenas a sua língua nativa e precisam iniciar uma comunicação. Como isso seria possível? Simples: utilizando uma terceira pessoa para assumir o papel de tradutor, exatamente como acontece quando estamos utilizando um Web Service.

Esse processo fica mais claro quando analisamos a figura 3.1.

Figura 3.1 – Web Service

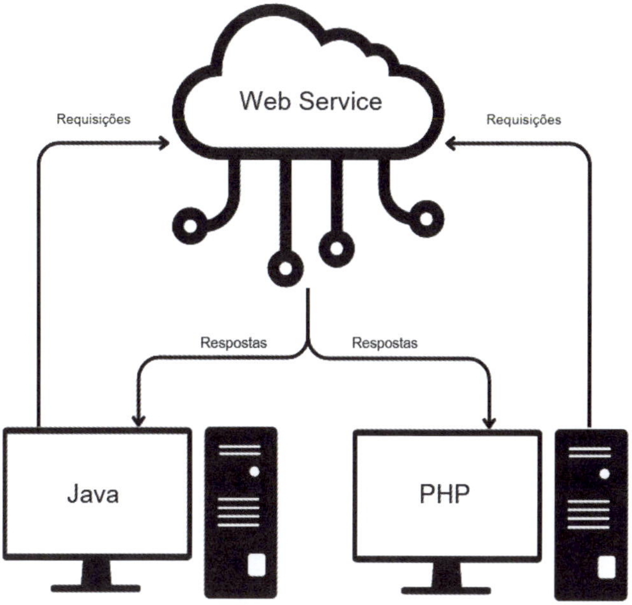

O funcionamento, então, pode ser descrito da seguinte forma: um sistema A desenvolvido com uma linguagem X e um sistema B desenvolvido com uma linguagem Y querem utilizar o mesmo serviço que foi disponibilizado na internet e desenvolvido com uma linguagem Z. Nesse cenário, temos três linguagens diferentes. Para que a comunicação seja realizada, o sistema A e o sistema B fazem várias requisições ao Web Service, que, com o uso de protocolos de comunicação, interpreta essas requisições e envia aos dois sistemas uma resposta traduzida. Dessa forma, tanto o sistema A quanto o sistema B conseguem entender e utilizar o serviço desejado.

Há dois tipos principais de Web Services: os baseados em mensagens (Message-Oriented) e os baseados em recursos (Resource-Oriented).

Web Services baseados em mensagens

Nos Web Services baseados em mensagens, toda a comunicação gira em torno de mensagens entre os sistemas.

Existem alguns subtipos nessa categoria, como o Web Service baseado em RPC (Remote Procedure Call) ou chamada de procedimento remoto. Esse tipo de comunicação entre os sistemas é estruturado de forma semelhante a uma chamada remota, em que um sistema solicita a execução de uma operação específica em um sistema remoto como se estivesse chamando um método ou uma função de forma local.

Outro subtipo é o Web Service baseado em filas (Message Queues), no qual a comunicação é feita de forma assíncrona e se utiliza de filas de mensagens. Esse tipo de Web Service é útil em cenários onde precisamos garantir a entrega das mensagens mesmo quando o destinatário está indisponível no início da transmissão. O remetente envia uma mensagem para essa fila, e o destinatário, ao ficar disponível, processa essa mensagem, garantindo a sua entrega.

Por último, temos o Web Service baseado em eventos, em que a comunicação é feita por eventos e notificações, permitindo, com isso, uma comunicação dinâmica e orientada por alterações de estado.

Falaremos mais desses subtipos no próximo tópico.

Web Services baseados em recursos

Também denominados de arquitetura orientada a recursos, os Web Services baseados em recursos são uma abordagem na qual a comunicação entre os sistemas é realizada a partir da manipulação dos recursos que são identificados por URIs (Uniform Resource Identifiers).

Esse tipo de Web Service é associado à arquitetura RESTful, que iremos detalhar adiante, porém também pode ter outros tipos de abordagens, como o GraphQL.

Suas principais características são a manipulação de recursos, os métodos HTTP para realizar as operações, o estado representacional, os padrões de comunicação simples, sem estado (o que chamamos de Stateless), e a utilização de URI.

2. COMUNICAÇÃO E CONSUMO DE SERVIÇOS WEB

A comunicação em Web Services geralmente ocorre com a utilização de protocolos padrão, como o **HTTP** (Hypertext Transfer Protocol) e o **HTTPS** (HTTP Secure) para serviços **RESTFul** disponíveis, ou o **SOAP** (Simple Object Access Protocol) para serviços mais formalmente estruturados.

Neste tópico, vamos focar o RESTFul e o SOAP, que são os mais utilizados atualmente, e também descrever o procedimento padrão de consumo de um Web Service, apresentando suas características na criação da linha de código.

SOAP (Simple Object Access Protocol)

SOAP é um tipo de protocolo de comunicação que define e estrutura a forma como as mensagens são trocadas entre o Web Service e o sistema. Os Web Services baseados em SOAP geralmente são caracterizados por sua estrutura e formalidade rígidas. Eles seguem o modelo cliente-servidor, no qual um cliente envia uma requisição ao servidor e este responde com uma mensagem utilizando o formato XML.

As mensagens SOAP são estruturadas hierarquicamente em XML, o que as torna mais complexas e com mais conteúdos necessários para a sua composição em comparação com formatos mais leves, como o JSON.

Esse protocolo é utilizado com o WSDL (Web Services Description Language), linguagem que descreve a formalidade e os detalhes usados em um serviço web. Isso inclui os tipos de operações que os serviços realizam, os formatos de mensagem aceitos pelos serviços e as informações sobre a localização do serviço.

Outra característica da arquitetura baseada em SOAP é a flexibilidade no uso de protocolos de transporte. Ela pode ser implementada em diferentes tipos de protocolos, como o HTTP, o SMT, o TCP e mais alguns outros, facilitando na hora da escolha desse meio de transporte.

Também aceita trabalhar com mensagens síncronas e assíncronas, o que permite que uma operação seja realizada de forma sequencial ou não.

IMPORTANTE

Lembre-se de que aqui faremos apenas uma abordagem conceitual.

Como vimos, um Web Service baseado em mensagens, como o SOAP, pode ter subtipos com características peculiares. Vejamos alguns exemplos de funcionalidades dos subtipos de Web Services baseados em SOAP.

Web Services baseados em RPC

Para relembrarmos: o Web Service baseado em RPC funciona como se estivéssemos chamando uma função ou método de forma local. Agora, vamos explorar um pouco mais as suas características principais:

- As operações disponíveis no serviço são sempre mapeadas para funções e métodos específicos e podem ser executadas de forma remota.

- O serviço expõe uma API que descreve as operações disponíveis e como fazer as requisições.

- A comunicação é frequentemente síncrona, em que o cliente aguarda a resposta do servidor imediatamente após uma requisição.

- Há uma descrição formal do serviço que sempre especifica as operações, os parâmetros e tipos de dados, gerando, com isso, uma documentação detalhada.

Veremos a seguir um exemplo de como poderíamos executar uma chamada de procedimento remoto.

Nesse cenário, nosso Web Service disponibiliza um serviço de calculadora, no qual conseguimos efetuar as operações relacionadas da matemática, como soma, subtração, divisão e multiplicação. Nesse caso, simularemos uma requisição em que gostaríamos de somar dois números, conforme demonstra a figura 3.2.

Figura 3.2 – Exemplo de chamada RPC utilizando SOAP

```xml
<!-- Exemplo de Chamada de Procedimento Remoto em SOAP -->
<soapenv:Envelope xmlns:soapenv="http://schemas.xmlsoap.org/soap/envelope/"
                  xmlns:web="http://www.exemplo.com/calculadora">
   <soapenv:Header/>
   <soapenv:Body>
      <web:Add>
         <web:Number1>5</web:Number1>
         <web:Number2>3</web:Number2>
      </web:Add>
   </soapenv:Body>
</soapenv:Envelope>
```

Como podemos ver na imagem, utilizamos "Add" para mapear a operação de soma, dois números são passados como parâmetros e assim conseguimos realizar a função ou método que executa a soma desses números, ou seja, o cliente envia uma mensagem SOAP com esses números e o serviço responde com o resultado da soma.

Apesar de ser um tipo de Web Service considerado clássico por ser mais antigo, ainda é muito utilizado em diversos contextos do cenário atual, proporcionando uma forma estruturada de comunicação entre sistemas distribuídos.

Web Services baseados em filas

O uso de filas geralmente está associado a uma comunicação assíncrona, como já citado, e a comunicação SOAP geralmente está associada a uma comunicação síncrona. No entanto, podemos criar uma situação que se assemelhe ao uso de filas utilizando SOAP. Nesse caso, enviaríamos uma mensagem para um serviço assíncrono e a resposta seria obtida posteriormente. Lembre-se: isso não é uma implementação típica de filas, mas permite que tenhamos o entendimento de um fluxo assíncrono, como é demonstrado na figura 3.3.

Figura 3.3 – Exemplo de filas utilizando SOAP

```
1  <!-- Mensagem SOAP de Solicitação Assíncrona -->
2  <soapenv:Envelope xmlns:soapenv="http://schemas.xmlsoap.org/soap/envelope/"
3                    xmlns:web="http://www.exemplo.com/asyncservice">
4    <soapenv:Header/>
5    <soapenv:Body>
6      <web:AsyncRequest>
7        <!-- Detalhes da solicitação -->
8        <web:RequestID>123</web:RequestID>
9      </web:AsyncRequest>
10   </soapenv:Body>
11 </soapenv:Envelope>
```

O serviço recebe a solicitação e responde imediatamente com um identificador único para poder identificar essa solicitação. Essa resposta indica que a solicitação foi aceita e será processada assincronamente. Podemos conferir essa resposta na figura 3.4.

Figura 3.4 – Resposta do serviço à requisição

```
1  <!-- Resposta Inicial do Serviço -->
2  <soapenv:Envelope xmlns:soapenv="http://schemas.xmlsoap.org/soap/envelope/"
3                    xmlns:web="http://www.exemplo.com/asyncservice">
4    <soapenv:Header/>
5    <soapenv:Body>
6      <web:AsyncResponse>
7        <web:RequestID>123</web:RequestID>
8        <web:Status>Accepted</web:Status>
9      </web:AsyncResponse>
10   </soapenv:Body>
11 </soapenv:Envelope>
```

Dessa forma, o cliente verifica periodicamente o status da solicitação usando o identificador único fornecido pelo serviço. Devemos compreender que esse é apenas um exemplo simplificado desse tipo de procedimento e que, na prática, a verificação poderia ser efetuada por meio de consultas periódicas ao serviço. A figura 3.5 mostra como seria essa solicitação de verificação do status.

Figura 3.5 – Verificação de status do serviço

```xml
<!-- Solicitação de Verificação de Status -->
<soapenv:Envelope xmlns:soapenv="http://schemas.xmlsoap.org/soap/envelope/"
                  xmlns:web="http://www.exemplo.com/asyncservice">
    <soapenv:Header/>
    <soapenv:Body>
        <web:CheckStatus>
            <web:RequestID>123</web:RequestID>
        </web:CheckStatus>
    </soapenv:Body>
</soapenv:Envelope>
```

Quando o status do serviço muda para síncrono, ou seja, quando ele recebe e processa a requisição, obtemos a resposta final do processamento. Podemos verificar isso na figura 3.6.

Figura 3.6 – Resposta final do serviço

```xml
<!-- Resposta Final do Serviço -->
<soapenv:Envelope xmlns:soapenv="http://schemas.xmlsoap.org/soap/envelope/"
                  xmlns:web="http://www.exemplo.com/asyncservice">
    <soapenv:Header/>
    <soapenv:Body>
        <web:FinalResponse>
            <web:RequestID>123</web:RequestID>
            <web:Status>Completed</web:Status>
            <!-- Aqui pode conter outros detalhes do resultado -->
        </web:FinalResponse>
    </soapenv:Body>
</soapenv:Envelope>
```

Esse exemplo não utiliza explicitamente uma fila, mas serve exatamente para simular um processo assíncrono em que o cliente realiza uma requisição, o servidor recebe essa requisição, cria um identificador único para ela e, quando o serviço volta a estar síncrono, ele processa a requisição e envia a resposta do processamento. Com isso, podemos entender como funciona um Web Service baseado em filas.

Web Services baseados em eventos

Esse modelo de Web Service reage a um evento gerado por outro sistema, permitindo uma comunicação de acordo com as mudanças de estado.

Algumas características desse modelo podem incluir:

- A comunicação por eventos, na qual um sistema notifica outros sistemas após a ocorrência de um evento.

- O desacoplamento, em que o remetente não precisa ter conhecimento sobre os destinatários que irão reagir aos eventos.

- A reatividade, ou seja, o sistema reage logo que um evento específico ocorre e, assim, realiza ações predefinidas.

- A assincronicidade, o que permite que os sistemas operem mesmo sem a necessidade de uma resposta imediata.

Vamos verificar o funcionamento de um Web Service baseado em eventos, no qual a comunicação entre os sistemas é conduzida por meio de eventos e notificações.

Imagine o seguinte contexto: um serviço SOAP envia uma notificação de um evento para vários sistemas, e essa notificação representará uma alteração em um recurso específico. Nesse cenário, vamos simular a assincronicidade usando o recurso de fila, como no exemplo anterior. Podemos verificar a notificação de um evento na figura 3.7.

Figura 3.7 – Notificação de um evento

```
1  <!-- Exemplo de uso mensagem SOAP para Notificação de um evento -->
2  <soapenv:Envelope xmlns:soapenv="http://schemas.xmlsoap.org/soap/envelope/"
3                    xmlns:web="http://www.exemplo.com/eventos">
4      <soapenv:Header/>
5      <soapenv:Body>
6          <web:EventNotification>
7              <web:EventMessage>ResourceUpdated</web:EventMessage>
8          </web:EventNotification>
9      </soapenv:Body>
10 </soapenv:Envelope>
```

Nesse exemplo, uma mensagem SOAP contém a notificação de um evento; no caso, a mensagem "ResourceUpdated". Os sistemas então consultam a fila para receber as notificações assíncronas sobre eventos que ocorreram. Após a consulta, os sistemas recebem uma mensagem, como é exemplificado na figura 3.8.

Figura 3.8 – Resposta do serviço a um sistema

```
1  <!-- Exemplo de Mensagem SOAP recebida por um sistema -->
2  <soapenv:Envelope xmlns:soapenv="http://schemas.xmlsoap.org/soap/envelope/"
3                    xmlns:web="http://www.exemplo.com/eventos">
4      <soapenv:Header/>
5      <soapenv:Body>
6          <web:EventNotification>
7              <web:EventMessage>ResourceUpdated</web:EventMessage>
8          </web:EventNotification>
9      </soapenv:Body>
10 </soapenv:Envelope>
```

IMPORTANTE

Aqui estamos apenas exemplificando o conceito e funcionamento de eventos utilizando SOAP. Em ambientes reais, Web Services baseados em eventos usam arquiteturas assíncronas. O protocolo MQTT (Message Queuing Telemetry Transport) seria um exemplo de uma arquitetura como essa.

RESTful (Representational State Transfer)

Web Services RESTful são basicamente uma abordagem para o desenvolvimento de serviços web que se baseiam nos princípios e restrições do REST.

Como vimos no tópico anterior, o REST segue uma arquitetura baseada em recursos. Nela, cada recurso – também chamado de entidade ou serviço – é identificado por uma URI única e manipulado por métodos HTTP padrão, como GET para recuperar, POST para criar, PUT para atualizar e DELETE para excluir.

Essa arquitetura é conhecida por apresentar um estilo mais simples e leve em comparação ao SOAP. Pode envolver um desenvolvimento distribuído, já que os serviços construídos com recursos são identificados pelo uso de uma URI. Geralmente a documentação desse serviço não tem a formalidade que existe no SOAP e depende da compreensão dos métodos HTTP e URIs.

Por utilizar os protocolos HTTP e HTTPS, o serviço RESTful acaba sendo mais adequado para ambientes web.

O estado é representado de maneira clara e pode ser transferido entre o cliente e o servidor por meio do formato JSON. Em alguns casos, podemos também utilizar o formato XML, porém, pela sua formalidade e complexidade, o mais comum é encontrarmos esse tipo de serviço no formato JSON.

Também é uma arquitetura sem estado ou formalmente chamada Stateless, pois cada requisição feita entre cliente e servidor contém toda a informação necessária para o correto entendimento do que foi solicitado e o processamento dessa requisição. O servidor não mantém nenhum estado da sessão entre as requisições.

O RESTful também faz uso de Status HTTP, que são códigos usados pelo protocolo HTTP para indicar o resultado de uma solicitação feita por um cliente a um servidor web. Alguns exemplos são o 200 OK, que demonstra que a operação foi realizada com sucesso (inclui operações de GET, PUT, PATCH ou DELETE); o 201 Created, que atesta uma criação bem-sucedida utilizando POST; e o 204 No Content, que indica sucesso em operações que não retornam conteúdo utilizando DELETE.

Em relação às funcionalidades dos Web Services RESTful, temos alguns processos importantes:

- A identificação do recurso (entidade ou informação) é feita por uma URI. As URIs servem como identificadores únicos para acessar e manipular esses recursos.

- A representação dos recursos pode ser realizada em diferentes formatos, como XML, JSON ou HTML. É enviada ou recebida por meio da comunicação entre cliente e servidor.

- As operações básicas de criação, leitura, atualização e exclusão (CRUD) são mapeadas para métodos HTTP específicos:
  - GET para leitura
  - POST para criação

- PUT ou PATCH para atualização
- DELETE para exclusão

■ O estado é representacional, ou seja, o cliente e o servidor se comunicam sem estado. Isso significa que cada solicitação do cliente contém toda a informação necessária para compreender e processar a solicitação. O estado do recurso está contido na sua representação.

■ O princípio de HATEOAS (Hypermedia as the Engine of Application State) sugere que as interações entre Web Services sejam guiadas por links dinâmicos e presentes nas representações dos recursos, permitindo, assim, uma descoberta e navegação mais flexíveis.

Para exemplificar a implementação de um Web Service RESTful, vamos abordar um cenário mais genérico, em que é descrita a interação em um Web Service RESTful, mas sem apego a uma linguagem de programação específica. Nesse caso, usaremos exemplos de solicitações HTTP e respostas em formato JSON.

Começamos acessando um serviço que contém um sistema de gerenciamento de tarefas. A primeira operação é obter todas as tarefas. Iremos utilizar a chamada HTTP com o método GET e, depois, indicar também o identificador único (URI). Vejamos como fazer isso analisando a figura 3.9.

Figura 3.9 – Chamada do método GET utilizando a URI

```
1  // Requisição de todas as tarefas
2  GET /api/tasks
```

Agora vamos obter uma resposta do serviço com todos os serviços existentes e o seu status. As tarefas também possuem um identificador único, que é o ID da tarefa. Podemos verificar todos os atributos de todas as tarefas, como mostra a figura 3.10.

Figura 3.10 – Resposta em formato JSON

```
// Resposta em formato JSON
{
    "tasks": [
        {"id": 1, "title": "Comprar mantimentos", "completed": false},
        {"id": 2, "title": "Estudar para exame", "completed": true},
        {"id": 3, "title": "Caminhada matinal", "completed": false}
    ]
}
```

Após receber a resposta, escolhemos a tarefa específica que gostaríamos de executar dentre todas as existentes no Web Service. No caso, o atributo escolhido para executarmos o método GET será o ID da tarefa selecionada (figura 3.11).

Figura 3.11 – Chamada do método GET

```
//Requisição de uma tarefa específica
GET /api/tasks/2
```

Novamente vamos obter uma resposta em formato JSON, porém desta vez apenas com as informações solicitadas. Como selecionamos o ID 2, o Web Service retornou o título e o status da tarefa 2, conforme demonstra a figura 3.12.

Figura 3.12 – Serviço específico requisitado

```
//Resposta após uma a requisição de uma tarefa específica
{
    "task": {"id": 2, "title": "Estudar para exame", "completed": true}
}
```

Agora vamos adicionar uma nova tarefa no Web Service utilizando uma chamada HTTP; no caso, utilizamos a chamada POST e inserimos o título e o status da tarefa. A figura 3.13 demonstra como ficaria essa chamada.

Figura 3.13 – Chamada do método POST

```
//Adicionar uma nova tarefa
POST /api/tasks
Content-Type: application/json

{
  "title": "Escrever relatório",
  "completed": false
}
```

Depois de fazer a chamada POST, obtemos uma resposta do Web Service também no formato JSON. Podemos verificar que o atributo ID foi gerado automaticamente pelo próprio Web Service, pois se trata de um atributo incremental. A figura 3.14 mostra essa resposta obtida.

Figura 3.14 – Resposta após POST

```
// Resposta obtida após adicionar a nova tarefa ao serviço
{
   "task": {"id": 4, "title": "Escrever relatório", "completed": false}
}
```

Agora atualizamos uma tarefa existente utilizando outra chamada HTTP, PUT. O status da tarefa será alterado de "false" para "true" (figura 3.15).

Figura 3.15 – Chamada do método PUT

```
//Atualizando um serviço existente utilizando PUT
PUT /api/tasks/3
Content-Type: application/json

{
  "title": "Caminhada noturna",
  "completed": true
}
```

É possível verificar na resposta do Web Service que tanto o título quanto o status do serviço foram alterados. Esse processo pode ser analisado na figura 3.16.

Figura 3.16 – Chamada do método PUT

```
1  //Resposta com a atualização do status da tarefa
2  {
3      "task": {"id": 3, "title": "Caminhada noturna", "completed": true}
4  }
```

Para finalizarmos o uso das chamadas HTTP, vamos utilizar o método DELETE. Com ele, conseguimos apagar uma tarefa específica, como vemos na figura 3.17.

Figura 3.17 – Chamada do método DELETE

```
1  //Excluindo uma tarefa específica
2  DELETE /api/tasks/1
```

Agora o Web Service retornará uma resposta com algum argumento que indica se a tarefa foi ou não removida com sucesso. No nosso caso, vamos considerar que o Web Service efetuou a operação com sucesso. A resposta recebida do Web Service é apresentada na figura 3.18.

Figura 3.18 – Resposta indicando sucesso na operação

```
1  //Resposta do Web Service apontando que conseguiu remover a tarefa
2  {
3      "message": "Tarefa removida com sucesso."
4  }
```

Esse cenário demonstra interações típicas em um Web Service RESTful, independentemente da linguagem de programação.

As operações realizadas utilizaram métodos HTTP, os recursos foram identificados por URIs específicas e os dados foram apresentados no formato JSON pela sua simplicidade e facilidade de leitura.

IMPORTANTE

O REST é uma arquitetura que se utiliza de conceitos fundamentais da World Wide Web, como identificadores de recursos (URLs), métodos HTTP, representações de recursos e hiperlinks.

Web Services RESTful são conhecidos por serem simples e de fácil compreensão, além de escaláveis.

WSDL

WSDL é uma linguagem baseada em XML usada para descrever serviços web. É projetada para fornecer um padrão de descrição para os métodos disponíveis, os formatos de mensagem, os protocolos de comunicação e outros detalhes essenciais para interagir com um serviço web.

Poderíamos, então, definir o WSDL como um padrão da W3C que permite especificar os detalhes operacionais dos serviços web, independentemente da plataforma ou linguagem de programação. Com ele, os clientes conseguem se comunicar com Web Services e efetuar as operações requisitadas.

Em resumo, o WSDL tem algumas características principais:

- **Abstração de serviços**: a linguagem fornece uma visão de alto nível do serviço, incluindo as operações disponíveis, os tipos de dados utilizados e os protocolos empregados para comunicação.

- **Independência de plataforma ou linguagem**: permite que os serviços sejam descritos independentemente da linguagem ou plataforma de implantação, o que gera a interoperabilidade entre sistemas.

- **Descrição das operações**: define as operações disponíveis no serviço especificando todos os parâmetros de entrada e saída, nomes e tipos de dados.

- **Uso de dados XML**: descreve como seria a estrutura das mensagens trocadas entre o cliente e os Web Services. Isso inclui a definição de complex types, simple types e estrutura de dados.

- **Especificação dos protocolos de comunicação suportados pelo serviço**: como exemplos, podemos citar o HTTP, SOAP e SMTP. O cliente pode escolher qual protocolo usar para suprir as suas necessidades.

- **Extensibilidade**: permite que se incluam outras extensões personalizadas para lidar com os requisitos específicos de implementação.

Observe uma estrutura básica do WSDL e as seções que geralmente estão inclusas.

Figura 3.19 – WSDL: estrutura básica

```
<!-- Estrutura básica do WSDL e algumas seções -->
<definitions name="..." targetNamespace="...">
    <types>...</types>
    <message>...</message>
    <portType>...</portType>
    <binding>...</binding>
    <service>...</service>
</definitions>
```

A figura 3.19 demonstra algumas informações importantes:

- **<types> (tipos)**: define os tipos de dados que serão usados nas mensagens.

- **<message> (mensagem)**: define as mensagens trocadas entre clientes e serviços, e também especifica os elementos de entrada e saída de cada operação.

- **<portType> (portType)**: define as operações disponíveis no serviço e indica os tipos de mensagem que estarão associados a cada operação.

- **<binding> (vinculação)**: vincula o portType a um protocolo de comunicação específico e define os detalhes, como o formato das mensagens SOAP.

- **<service> (serviço)**: descreve o Web Service em relação ao portType e binding utilizados, e inclui informações como o endpoint (URL) do Web Service.

Vamos demonstrar agora um exemplo simples de WSDL.

Considere um serviço que fornece informações de livros. O WSDL que está associado a esse serviço pode ter uma estrutura semelhante à demonstrada na figura 3.20.

Figura 3.20 – WSDL que fornece informações de livros

```xml
<!-- Exemplo de WSDL utilizado para um serviço que fornece informações de livros -->
<definitions name="BookService" targetNamespace="http://www.example.com/books">
   <types>
      <xsd:schema targetNamespace="http://www.exemplo.com/livros">
         <xsd:element name="BookInfo">
            <xsd:complexType>
               <xsd:sequence>
                  <xsd:element name="Title" type="xsd:string"/>
                  <xsd:element name="Author" type="xsd:string"/>
               </xsd:sequence>
            </xsd:complexType>
         </xsd:element>
      </xsd:schema>
   </types>

   <message name="GetBookRequest">
      <part name="ISBN" type="xsd:string"/>
   </message>

   <message name="GetBookResponse">
      <part name="BookDetails" type="tns:BookInfo"/>
   </message>

   <portType name="BookServicePortType">
      <operation name="GetBook">
         <input message="tns:GetBookRequest"/>
         <output message="tns:GetBookResponse"/>
      </operation>
   </portType>

   <binding name="BookServiceBinding" type="tns:BookServicePortType">
      <soap:binding style="document" transport="http://schemas.xmlsoap.org/soap/http"/>
      <operation name="GetBook">
         <soap:operation soapAction="http://www.exemplo.com/livros/GetBook"/>
         <input>
            <soap:body use="literal"/>
         </input>
         <output>
            <soap:body use="literal"/>
         </output>
      </operation>
   </binding>

   <service name="BookService">
      <port name="BookServicePort" binding="tns:BookServiceBinding">
         <soap:address location="http://www.exemplo.com/BookService"/>
      </port>
   </service>
</definitions>
```

No exemplo da figura 3.20, o cliente recebe uma mensagem SOAP notificando sobre o evento "ResourceUpdated" e processa essa mensagem de acordo com as suas necessidades.

É importante lembrar que, na prática, para implantar um Web Service baseado em eventos com filas assíncronas usando SOAP, é de suma importância incluir uma descrição de serviço usando WSDL, garantindo, com isso, a interoperabilidade entre os serviços.

3. INTEGRAÇÃO DE API PÚBLICA

Na imensidão do universo da tecnologia, a integração de uma API pública surge como uma ponte que conecta sistemas, aplicativos e serviços de modo muito eficiente e sem conflitos de plataformas.

Neste tópico, vamos traçar um breve panorama da integração de API pública, descrevendo suas características, funcionamento e alguns tipos que moldam a conectividade no mundo contemporâneo.

A integração de API pública é a prática de disponibilizar uma interface de programação que permite a interação controlada e padronizada entre diferentes sistemas e serviços. Isso é alcançado ao fornecer endpoints (pontos de extremidade) que aceitam solicitações e retornam respostas estruturadas, possibilitando que desenvolvedores integrem funcionalidades externas em seus próprios aplicativos ou serviços.

O funcionamento dessa integração é baseado no modelo de requisição e resposta. Quando um desenvolvedor deseja acessar recursos ou funcionalidades de um sistema, ele envia uma solicitação para a API pública desse sistema; a API processa a solicitação e retorna uma resposta, geralmente em um formato como JSON ou XML. Esse processo facilita a troca de dados entre sistemas.

Tipos de integração de API pública

As **APIs RESTful** operam sobre o protocolo HTTP e seguem princípios como a identificação de recursos, a manipulação de recursos por meio de representações e a ausência de estado entre as requisições. Elas são conhecidas por sua simplicidade e escalabilidade e são amplamente adotadas na construção de serviços web.

Vemos nas figuras a seguir um exemplo de integração dessa API utilizando React Native.

Figura 3.21 – Definição da cidade em que se buscarão os dados

```
import React, { useState, useEffect } from 'react';
import { Text } from 'react-native';

const RestfulExample = () => {
  // Definindo um estado para armazenar os dados do clima
  const [weatherData, setWeatherData] = useState(null);
  const city = 'Sorocaba'; // Altere para a cidade desejada
```

Figura 3.22 – Requisição dos dados

```
useEffect(() => {
  // Função assíncrona para buscar dados sobre o clima usando uma API RESTful
  const fetchWeatherData = async () => {
    try {
      // Fazendo uma requisição GET para a API OpenWeatherMap para obter dados sobre o clima da cidade especificada
      const response = await fetch(`https://api.openweathermap.org/data/2.5/weather?q=${city}&appid=YOUR_API_KEY`);
```

Figura 3.23 – Tratamento de erros

```
      // Verificando se a requisição foi bem-sucedida (status code 200)
      if (response.ok) {
        // Transformando a resposta em JSON
        const data = await response.json();

        // Atualizando o estado com os dados recebidos da API
        setWeatherData(data);
      } else {
        // Lidando com erros de requisição
        console.error('Failed to fetch weather data:', response.statusText);
      }
    } catch (error) {
      // Lidando com erros de rede ou JSON parsing
      console.error('Error fetching weather data:', error.message);
    }
  };
```

Figura 3.24 – Execução da função para exibir os dados da cidade

```
// Chamando a função para buscar os dados assim que o componente for montado
fetchWeatherData();
}, []); // O array vazio como segundo argumento garante que o efeito seja executado apenas uma vez, quando o componente é montado

// Se não houver dados disponíveis ainda, exibe um texto de carregamento
if (!weatherData) {
  return <Text>Loading...</Text>;
}

// Exibindo os dados do clima recebidos da API
return (
  <Text>RESTful Example: City - {weatherData.name}, Temperature - {weatherData.main.temp}°C, Description - {weatherData.weather[0].description}</Text>
);
};

export default RestfulExample;
```

As **APIs SOAP** utilizam o XML como formato de mensagem e são conhecidas por sua robustez. Elas são comumente empregadas em ambientes corporativos para suportar operações complexas e transações seguras. Na figura 3.25, vemos um exemplo de como realizar uma integração de uma API utilizando SOAP.

Figura 3.25 – Integração com API SOAP

```
import React, { useEffect } from 'react';
import { Text } from 'react-native';
import Soap from 'react-native-soap';

const SoapExemplo = () => {
  useEffect(() => {
    // Criação de um cliente SOAP com o WSDL fornecido
    const soapClient = new Soap({ wsdl: 'http://www.dneonline.com/calculator.asmx?wsdl' });
    // Chamada do método 'Add' do serviço SOAP com os parâmetros fornecidos
    soapClient.call({ method: 'Add', params: { intA: 5, intB: 3 } }).then(response => {
      console.log('SOAP Response:', response);
    }).catch(error => {
      console.error('SOAP Error:', error);
    });
  }, []);

  return (
    <Text>Exemplo SOAP </Text>
  );
};

export default SoapExemplo;
```

GraphQL é uma linguagem de consulta que permite aos desenvolvedores solicitar apenas os dados necessários. Sua flexibilidade tem ganhado popularidade, especialmente em situações em que a eficiência na transmissão de dados é crucial. Com ela, é possível realizar consultas mais específicas e reduzir, assim, a quantidade de dados transferidos. Vejamos um exemplo na figura 3.26.

Figura 3.26 – Integração com API GraphQL

```jsx
import React, { useEffect } from 'react';
import { Text } from 'react-native';
import { ApolloClient, InMemoryCache, gql } from '@apollo/client';

const GraphqlExample = () => {
  useEffect(() => {
    // Criação de um cliente Apollo GraphQL com o URI fornecido
    const client = new ApolloClient({
      uri: 'https://api.exemplo.com/graphql',
      cache: new InMemoryCache()
    });

    // Consulta GraphQL para obter informações sobre o clima de uma cidade específica
    client.query({
      query: gql`
        query GetWeather {
          weather(city: "New York") {
            temperature
            description
          }
        }
      `
    }).then(response => {
      console.log('GraphQL Response:', response.data);
    }).catch(error => {
      console.error('GraphQL Error:', error);
    });
  }, []);

  return (
    <Text>GraphQL Example</Text>
  );
};

export default GraphqlExample;
```

Embora não sejam uma API tradicional, os **webhooks** são importantes na integração, pois permitem que sistemas enviem notificações automáticas e em tempo real quando ocorrem eventos específicos. Isso é particularmente útil para manter a sincronização entre sistemas.

Figura 3.27 – Integração com webhooks

```
1  import React, { useEffect } from 'react';
2  import { Text } from 'react-native';
3
4  const WebhookExample = () => {
5    useEffect(() => {
6      // Objeto com os dados que serão enviados no corpo da requisição
7      const data = {
8        city: 'New York',
9        timestamp: Date.now()
10     };
11
12     // Opções da requisição
13     const requestOptions = {
14       method: 'POST',
15       headers: { 'Content-Type': 'application/json' },
16       body: JSON.stringify(data)
17     };
18
19     // Envia uma requisição POST para o webhook com os dados fornecidos
20     fetch('https://webhook.site/your-webhook-url', requestOptions)
21       .then(response => response.json()) // Transforma a resposta em JSON
22       .then(data => console.log('Webhook Response:', data))
23       .catch(error => console.error('Webhook Error:', error));
24   }, []);
25
26   return (
27     <Text>Webhook Example</Text>
28   );
29 };
30
31 export default WebhookExample;
```

Lembre-se de que esses exemplos são apenas conceituais e servem para demonstrar a integração das APIs, sendo necessária uma melhor estruturação para o seu uso correto.

Benefícios e desafios

A integração de API pública oferece uma série de benefícios, incluindo a capacidade de:

- ampliar funcionalidades sem reescrever códigos;
- promover a reutilização de recursos;
- melhorar a eficiência operacional;
- facilitar a colaboração entre desenvolvedores e organizações.

Devemos sempre considerar questões de segurança, gerenciamento de versões e documentação abrangente ao implementar integrações de API pública. A segurança é vital para proteger dados sensíveis que possam ser transferidos entre sistemas, enquanto uma documentação clara facilita a compreensão e implementação por parte dos desenvolvedores.

Integração e comunicação com APIs externas

As APIs externas são interfaces de programação de aplicativos disponibilizadas por organizações externas para permitir que desenvolvedores acessem funcionalidades específicas de seus sistemas ou serviços.

Essas APIs são projetadas para facilitar a integração de diferentes sistemas e oferecem uma maneira padronizada de interagir com as funcionalidades, sem a necessidade de entender a implementação subjacente.

PRÁTICA

Como integrar APIs externas?

Uma aplicação de previsão do tempo pode utilizar a API do OpenWeatherMap, por exemplo, para obter dados meteorológicos de diferentes cidades ao redor do mundo. Ela pode enviar uma solicitação para a API do OpenWeatherMap com o nome da cidade como parâmetro e receber uma resposta com os dados meteorológicos atualizados para essa cidade.

Uma aplicação de comércio eletrônico deseja oferecer aos seus usuários a capacidade de encontrar hotéis nas proximidades de determinado destino. Em vez de desenvolver um novo sistema de busca de hotéis, a aplicação pode integrar a API do TripAdvisor, por exemplo, para acessar seu vasto banco de dados de hotéis e fornecer aos usuários resultados relevantes.

Um aplicativo de planejamento de viagens pode integrar a API do Google Maps para obter rotas, direções e informações de tráfego em tempo real. Isso economiza tempo e esforço de desenvolvimento, já que a aplicação não precisa implementar sua própria solução de mapeamento e navegação.

Um aplicativo de música pode integrar a API do Spotify para permitir que os usuários acessem suas playlists, artistas favoritos e recomendações personalizadas diretamente do aplicativo. Isso melhora a experiência do usuário ao oferecer acesso a um grande catálogo de música sem sair do aplicativo.

Alguns cuidados são importantes para a integração de uma API externa:

- **Pesquisa e seleção**: identifique APIs externas relevantes para as necessidades do seu projeto, avaliando documentação, funcionalidades, requisitos de autenticação e termos de uso para utilizar corretamente seus recursos e seguir suas diretrizes. **Exemplo**: uma aplicação de fitness pesquisa e estuda a API do Fitbit para entender os endpoints disponíveis, os parâmetros de solicitação e os formatos de resposta aceitos, e seleciona a API para integrar funcionalidades de rastreamento de atividades físicas e monitoramento de saúde.

- **Autenticação e autorização**: configure métodos de autenticação para acessar a API externa, como chaves de API, tokens OAuth, etc., e garanta a autorização adequada para acessar os recursos desejados. **Exemplo**: após o registro como desenvolvedor no site da API do Fitbit, a aplicação recebe uma chave de API e um segredo de cliente, que são usados para autenticar e autorizar chamadas à API.

- **Desenvolvimento e integração**: desenvolva o código necessário para realizar chamadas à API externa, processar os dados retornados e integrá-los ao sistema existente. **Exemplo**: a aplicação de fitness implementa funções para enviar solicitações HTTP para a API do Fitbit, recuperar dados de atividades físicas e saúde e exibir esses dados em sua interface de usuário.

- **Testes**: faça testes abrangentes para garantir que a integração esteja funcionando conforme o esperado em diferentes cenários, incluindo casos de sucesso e falha. **Exemplo**: a aplicação de fitness executa testes automatizados para verificar a precisão e confiabilidade dos dados recebidos da API do Fitbit em diferentes situações, como conexões lentas de rede ou respostas de erro da API.

- **Monitoramento e manutenção**: implemente mecanismos de monitoramento contínuo para acompanhar o desempenho da integração e responder a eventuais problemas. Realize atualizações e manutenções conforme necessário para assegurar a confiabilidade e eficácia contínuas. **Exemplo**: a aplicação de fitness utiliza serviços de monitoramento de terceiros para acompanhar o tempo de resposta da API do Fitbit, detectar possíveis problemas de latência e receber notificações em tempo real sobre interrupções no serviço.

- **Tratamento de erros**: realize o tratamento de erros adequado para lidar com respostas inesperadas ou falhas de comunicação durante chamadas à API externa. **Exemplo**: a aplicação de fitness verifica o código de status HTTP da resposta da API do Fitbit para determinar se a solicitação foi bem-sucedida ou se ocorreu um erro, como um código 404 para recursos não encontrados.

- **Cache de dados**: utilize cache de dados para minimizar o número de chamadas à API e melhorar o desempenho, especialmente para recursos que não mudam com frequência. **Exemplo**: a aplicação de fitness armazena em cache os dados de atividades físicas e saúde recebidos da API do Fitbit localmente no dispositivo do usuário, reduzindo a necessidade de fazer chamadas repetidas à API para os mesmos dados.

- **Escalabilidade**: projete a integração com a escalabilidade em mente, considerando potenciais limitações de taxa de chamada e capacidade de resposta da API externa. **Exemplo**: a aplicação de fitness implementa uma estratégia de limitação de taxa para evitar o número excessivo de chamadas à API do Fitbit em um curto período, garantindo que a aplicação permaneça dentro dos limites estabelecidos pela API.

Com isso, podemos afirmar que a integração e a comunicação com APIs externas têm papel central no desenvolvimento de aplicativos modernos, permitindo acesso a uma variedade de recursos e serviços.

Ao seguir as etapas recomendadas, adotar boas práticas e priorizar a segurança e o desempenho, garantimos uma integração eficiente e confiável com APIs externas, enriquecendo, assim, a funcionalidade e a experiência do usuário dos aplicativos desenvolvidos.

4. NOTIFICAÇÕES PUSH

As notificações push são mensagens enviadas por um servidor para dispositivos móveis, como smartphones e tablets, para alertar ou informar os usuários sobre eventos importantes, atualizações ou atividades dentro de um aplicativo.

Podem ser uma poderosa ferramenta de marketing, pois mantêm os usuários engajados e atualizados mesmo quando o aplicativo não está em uso.

Os componentes envolvidos nesse processo são:

- **Servidor do aplicativo**: responsável por enviar as notificações push para os dispositivos móveis. Ele geralmente utiliza um serviço de notificação push fornecido pela plataforma do sistema operacional, como Firebase Cloud Messaging (FCM) para Android ou Apple Push Notification Service (APNs) para iOS.

- **Serviço de notificação push**: responsável por encaminhar as notificações do servidor do aplicativo para os dispositivos móveis correspondentes. Ele mantém uma conexão persistente com os dispositivos para garantir a entrega oportuna das notificações.

- **Dispositivo móvel**: recebe as notificações do serviço de notificação push e as exibe para o usuário. Ele pode exibir notificações na tela principal, na barra de status ou em outros locais específicos, dependendo das configurações do sistema operacional e do aplicativo.

Esse processo abrange várias etapas, desde o envio da notificação pelo servidor do aplicativo até a exibição da notificação no dispositivo móvel do usuário. Vejamos aqui uma explicação detalhada desse serviço:

- **Registro do dispositivo**: quando um usuário instala um aplicativo móvel pela primeira vez, o aplicativo geralmente solicita permissão para enviar notificações push. Se o usuário conceder permissão, o aplicativo registra o dispositivo com o serviço de notificação push correspondente.

- **Geração de token de registro**: após o registro, o dispositivo recebe um token de registro único. Esse token identifica exclusivamente o dispositivo e é usado pelo serviço de notificação push para direcionar as notificações ao dispositivo correto.

- **Envio da notificação pelo servidor do aplicativo**: quando ocorre um evento relevante no servidor do aplicativo que requer uma notificação push, o servidor envia uma solicitação para o serviço de notificação push com os detalhes da notificação, incluindo o token de registro do dispositivo de destino e o conteúdo da notificação.

- **Encaminhamento pelo serviço de notificação push**: o serviço de notificação push recebe a solicitação do servidor do aplicativo e encaminha a notificação para o dispositivo móvel correspondente com base no token de registro fornecido. O serviço de notificação push mantém uma conexão persistente com os dispositivos móveis para garantir a entrega oportuna das notificações.

- **Recebimento e exibição da notificação**: o dispositivo móvel recebe a notificação do serviço de notificação push e a exibe para o usuário. Dependendo das configurações do dispositivo e do aplicativo, a notificação pode ser exibida como um alerta na tela principal, uma notificação na barra de status ou uma atualização do ícone do aplicativo.

- **Interatividade da notificação (opcional)**: algumas notificações push podem incluir interatividade, permitindo que os usuários realizem ações sem abrir o aplicativo. Por exemplo, os usuários podem responder a uma mensagem, marcá-la como lida ou abrir o aplicativo diretamente da notificação.

- **Gerenciamento de notificações no dispositivo**: os dispositivos móveis geralmente oferecem recursos para gerenciar notificações, como silenciar notificações de determinados aplicativos, agrupar notificações semelhantes e configurar preferências de notificação para cada aplicativo.

As notificações push permitem, portanto, que os aplicativos se comuniquem com os usuários de forma proativa, mantendo-os informados sobre novas mensagens, atualizações de status, eventos importantes ou ofertas especiais.

Em resumo, elas são uma parte essencial da experiência do usuário em aplicativos móveis, fornecendo uma maneira eficaz de deixá-lo engajado e conectado com o aplicativo.

Como implementar notificações push no aplicativo

Existem várias formas de implementar notificações push. Podemos usar serviços de terceiros, como o Firebase e o OneSignal, ou uma opção nativa, que é o módulo react-native-push-notification, para enviar e receber notificações diretamente no aplicativo sem depender de serviços externos.

Vamos ver um exemplo básico utilizando o React Native na figura 3.28.

Figura 3.28 – Configurações para criar as notificações push

```
import PushNotification from 'react-native-push-notification';

// Configuração das notificações push
function setupPushNotifications() {
  PushNotification.configure({

    // Chamado quando uma notificação é recebida enquanto o aplicativo está em primeiro plano
    onNotification: function(notification) {
      console.log('Recebida nova notificação push:', notification);
      // Aqui você pode adicionar lógica para exibir a notificação ao usuário
    },
  });
}

export default setupPushNotifications;
```

Para chamar a configuração de notificações push no seu componente principal, podemos importar a função setupPushNotifications e chamá-la no momento apropriado; por exemplo, no momento da montagem do componente.

Na figura 3.29, mostramos um exemplo de como fazer isso.

Figura 3.29 – Chamada da função de notificação

```jsx
import React, { useEffect } from 'react';
import setupPushNotifications from './setupPushNotifications';

const App = () => {
  useEffect(() => {
    // Chamando a configuração de notificações push ao montar o componente
    setupPushNotifications();
  }, []);

  return (
    // Seu código JSX aqui...
  );
};

export default App;
```

Neste exemplo, usamos o hook useEffect para chamar a função setupPushNotifications assim que o componente for montado. Ao passar um array vazio como segundo argumento para useEffect, garantimos que a função seja chamada apenas uma vez, no momento da montagem do componente.

Vale recordar que esse exemplo segue um padrão básico de implementação, sendo necessário um código mais elaborado para um melhor funcionamento.

5. RECURSOS DE CONECTIVIDADE

Os recursos de conectividade em aplicativos móveis possuem extrema relevância na comunicação entre o aplicativo e os serviços externos, como servidores da web, APIs e serviços em nuvem.

Vamos citar aqui alguns aspectos importantes relacionados a esses recursos.

Antes de realizar qualquer operação que dependa de uma conexão de rede, é essencial **verificar o estado da conexão** do dispositivo. Essa é uma forma de garantir uma melhor experiência ao usuário e evitar erros causados por tentativas de comunicação sem uma conexão ativa.

No React Native, você pode utilizar a biblioteca NetInfo para verificar o estado da conexão de rede, conforme vemos no exemplo da figura 3.30.

Figura 3.30 – Configuração da verificação do estado da conexão

```
import { NetInfo } from 'react-native';

NetInfo.fetch().then(state => {
  console.log('Tipo de conexão:', state.type);
  // Tipo de conexão (e.g., 'wifi', 'cellular', 'none')
  console.log('Conectado?', state.isConnected);
  // Indica se o dispositivo está conectado à internet
});
```

Muitos aplicativos oferecem aos usuários a opção de escolha entre **conexões Wi-Fi e dados móveis** para economizar dados ou obter uma conexão estável. No entanto, é importante que o aplicativo não sobrecarregue os dados do usuário sem permissão. Você pode permitir que os usuários escolham suas preferências de conexão e aplicar essas configurações ao estabelecer conexões de rede no aplicativo.

Além disso, a **conectividade de rede pode mudar** dinamicamente durante a execução do aplicativo, especialmente em dispositivos móveis que alternam entre diferentes redes (Wi-Fi, dados móveis, etc.) ou perdem a conexão temporariamente.

Nesse caso, é importante implementar o **tratamento de eventos** para lidar com essas mudanças de forma adequada e proporcionar uma melhor experiência de uso. No React Native, você pode usar o evento connectionChange da biblioteca NetInfo para detectar mudanças na conectividade, como observamos na figura 3.31.

Figura 3.31 – Verificação do estado da conexão

```
NetInfo.addEventListener(state => {
    console.log('Estado da conexão alterado:', state.isConnected);
    // Indica se o dispositivo está conectado à internet após a mudança
});
```

Esses são alguns dos principais pontos ligados aos recursos de conectividade em aplicativos móveis, que impactam o sucesso e a usabilidade do aplicativo. Devemos garantir uma boa experiência para o usuário mesmo em condições de conectividade variável.

Navegação

A navegação entre telas permite que os usuários se movam de uma parte do aplicativo para outra de forma intuitiva e eficiente.

Existem várias abordagens para implementar a navegação entre telas em aplicativos móveis. Aqui vamos mostrar exemplos dos tipos mais usuais de navegação e outros recursos relacionados.

Navegação baseada em pilha (Stack Navigation)

A navegação por pilha é usada para gerenciar a navegação entre várias telas em uma pilha. Nesse caso, as telas são empilhadas umas sobre as outras e os usuários podem navegar para frente e para trás.

Essa abordagem é útil para fluxos de navegação lineares, como um formulário de registro. Na figura 3.32, temos um exemplo simples de como implementar a navegação por pilha usando o React Navigation.

Figura 3.32 – Exemplo básico de Stack Navigation

```javascript
import { createStackNavigator } from '@react-navigation/stack';
import { NavigationContainer } from '@react-navigation/native';

const Stack = createStackNavigator();

const App = () => {
  return (
    <NavigationContainer>
      <Stack.Navigator>
        <Stack.Screen name="Home" component={HomeScreen} />
        <Stack.Screen name="Details" component={DetailsScreen} />
      </Stack.Navigator>
    </NavigationContainer>
  );
};

export default App;
```

Navegação por abas (Tab Navigation)

A navegação por abas é usada para alternar entre diferentes seções do aplicativo, e cada aba representa uma categoria ou funcionalidade distinta. As telas são organizadas em guias na parte inferior ou superior da tela, permitindo que os usuários naveguem dentro do aplicativo. Na figura 3.33, vemos como implementar a navegação por abas usando o React Navigation.

Figura 3.33 – Exemplo básico de Tab Navigation

```javascript
import { createBottomTabNavigator } from '@react-navigation/bottom-tabs';
import { NavigationContainer } from '@react-navigation/native';

const Tab = createBottomTabNavigator();

const App = () => {
  return (
    <NavigationContainer>
      <Tab.Navigator>
        <Tab.Screen name="Home" component={HomeScreen} />
        <Tab.Screen name="Settings" component={SettingsScreen} />
      </Tab.Navigator>
    </NavigationContainer>
  );
};

export default App;
```

Navegação por gaveta (Drawer Navigation)

A navegação por gaveta possibilita que os usuários acessem diferentes partes do aplicativo ao deslizar o dedo da borda da tela. Um menu lateral é exibido revelando opções de navegação para diferentes partes do aplicativo. Na figura 3.34, vemos um exemplo dessa navegação usando o React Navigation.

Figura 3.34 – Exemplo básico de Drawer Navigation

```js
import { createDrawerNavigator } from '@react-navigation/drawer';
import { NavigationContainer } from '@react-navigation/native';

const Drawer = createDrawerNavigator();

const App = () => {
  return (
    <NavigationContainer>
      <Drawer.Navigator>
        <Drawer.Screen name="Home" component={HomeScreen} />
        <Drawer.Screen name="Profile" component={ProfileScreen} />
      </Drawer.Navigator>
    </NavigationContainer>
  );
};

export default App;
```

Navegação profunda

A navegação profunda permite que os usuários acessem telas específicas do aplicativo a partir de links externos, como URLs. Ela é útil para compartilhar conteúdo e integrar o aplicativo com outros aplicativos ou sites.

Geralmente envolve o uso de bibliotecas específicas para lidar com URLs personalizadas e roteamento dinâmico de acordo com os parâmetros dos links. No React Native, podemos implementá-la com o React Navigation ou outras bibliotecas de roteamento.

Gestos de navegação

Os usuários também podem interagir com o aplicativo por meio de gestos físicos, como deslizar o dedo na tela. Isso inclui gestos de deslize para voltar à tela anterior, deslizar entre telas em uma pilha de navegação ou até mesmo gestos personalizados para interações específicas do aplicativo.

No React Native, a biblioteca React Navigation oferece suporte integrado para gestos de navegação, permitindo configurar gestos personalizados e comportamentos de navegação com base nos gestos do usuário.

Passagem de dados ou parâmetros

Em muitos casos, é necessário passar dados ou parâmetros entre telas durante a navegação – por exemplo, informações como IDs de itens, dados de formulários ou configurações específicas da tela. No React Native, você pode passar parâmetros entre telas ao navegar usando as opções de navegação fornecidas pela biblioteca de navegação.

Transições de navegação

Por fim, temos as transições de navegação, que se referem aos efeitos visuais e animações que ocorrem durante a transição de telas.

Transições suaves e bem projetadas podem melhorar significativamente a experiência do usuário, proporcionando uma sensação de continuidade e fluidez na navegação.

Muitas bibliotecas de navegação, como o React Navigation, oferecem suporte a uma variedade de transições predefinidas e personalizáveis para criar experiências de navegação visualmente atraentes.

IMPORTANTE

A navegação determina como os usuários interagem e se movem entre diferentes partes de um aplicativo móvel.

Uma navegação bem projetada é fundamental para o alcance de uma experiência de usuário intuitiva e satisfatória.

Sensores para comunicação com APIs

Os dispositivos móveis são equipados com uma variedade de sensores que ajudam a aprimorar a comunicação com APIs externas. Esses recursos podem ser aproveitados para fornecer informações contextuais valiosas, melhorar a experiência do usuário e enriquecer os dados transmitidos e recebidos de APIs.

Que tal explorar o potencial de alguns dos sensores mais comuns em aplicativos móveis?

Geolocalização

A geolocalização é uma tecnologia que permite determinar a localização geográfica exata de um dispositivo móvel. Ao integrar a geolocalização em aplicativos móveis, podemos criar experiências personalizadas com base na localização do usuário.

Ela é extremamente útil para aplicativos de mapeamento, entrega de serviços locais, previsão do tempo, entre outros serviços. Na comunicação com APIs, a geolocalização pode ser utilizada para:

- enviar coordenadas geográficas para APIs de serviços de localização, como fornecedores de mapas e previsão do tempo;
- receber informações personalizadas com base na localização do usuário, como recomendações de restaurantes próximos ou eventos locais.

Veremos nas figuras a seguir um exemplo de como integrar a geolocalização em um aplicativo utilizando uma biblioteca do Expo chamada expo-location.

Figura 3.35 – Importação da biblioteca expo-location

```
import React, { useEffect, useState } from 'react';
import { Text, View } from 'react-native';
import * as Location from 'expo-location';

const GeoLocationExample = () => {
  const [location, setLocation] = useState(null);
```

Figura 3.36 – Função para obter a localização

```
useEffect(() => {
  // Função assíncrona para solicitar permissões de localização e obter a localização atual
  const getLocation = async () => {
    //Solicita permissões de acesso à localização
    let { status } = await Location.requestForegroundPermissionsAsync();
    if (status !== 'granted') {
      console.log('Permissão para acessar a localização foi negada');
      return;
    }

    //Obtém a Localização atual do dispositivo
    let location = await Location.getCurrentPositionAsync({});
    setLocation(location);
  };
```

Figura 3.37 – Retorno da função que capta a localização

```
    // Chama a função para obter a localização ao montar o componente
    getLocation();
  }, []);

  return (
    <View>
      {/* Exibe as coordenadas de latitude e longitude */}
      <Text>Latitude: {location?.coords.latitude}</Text>
      <Text>Longitude: {location?.coords.longitude}</Text>
    </View>
  );
};

export default GeoLocationExample;
```

No exemplo das figuras 3.35, 3.36 e 3.37, utilizamos a biblioteca expo-location para obter as coordenadas de geolocalização do dispositivo. Essas coordenadas podem ser enviadas para APIs externas para captar informações baseadas na localização.

Acelerômetro

O acelerômetro é um sensor que mede a aceleração do dispositivo móvel em três eixos. Ao detectar movimentos do dispositivo, como agitações ou inclinações, podemos criar interações baseadas em gestos e experiências de usuário únicas.

Na comunicação com APIs, o acelerômetro pode ser utilizado para enviar dados de movimento para aplicativos de saúde e fitness, ou para acionar eventos com base em movimentos do dispositivo, como gestos de controle em jogos.

Veja nas figuras a seguir como seria uma implementação básica em React Native.

Figura 3.38 – Importação da biblitoca expo-sensors

```
1  import React, { useEffect, useState } from 'react';
2  import { Text, View } from 'react-native';
3  import { Accelerometer } from 'expo-sensors';
4
5  const AccelerometerExample = () => {
6    const [data, setData] = useState({});
```

Figura 3.39 – Função que configura o acelerômetro

```
8   useEffect(() => {
9     // Configura o intervalo de atualização do acelerômetro para 1000
10    // milissegundos (1 segundo)
11    Accelerometer.setUpdateInterval(1000);
12
13    // Adiciona um listener para o acelerômetro e atualiza o estado
14    // com os dados recebidos
15    const subscription = Accelerometer.addListener(accelerometerData => {
16      setData(accelerometerData);
17    });
18
19    // Remove o listener quando o componente é desmontado para evitar
20    // vazamento de memória
21    return () => {
22      subscription.remove();
23    };
24  }, []);
```

Figura 3.40 – Retorno após chamada da função

```
26   return (
27     <View>
28       {/* Exibe os valores de aceleração nas três dimensões X, Y e Z */}
29       <Text>Aceleração X: {data.x}</Text>
30       <Text>Aceleração Y: {data.y}</Text>
31       <Text>Aceleração Z: {data.z}</Text>
32     </View>
33   );
34 };
35
36 export default AccelerometerExample;
```

Esse exemplo utiliza a biblioteca expo-sensors para acessar os dados do acelerômetro do dispositivo. Os dados podem ser usados para acionar eventos com base em movimentos e enviar informações para APIs externas.

Sensor de luz

O sensor de luz detecta a quantidade de luz ambiente ao redor do dispositivo, permitindo que os aplicativos ajustem automaticamente o brilho da tela com base nas condições de iluminação, economizando energia e proporcionando uma melhor experiência visual.

Na comunicação com APIs, o sensor de luz pode ser utilizado para enviar informações sobre as condições de iluminação para aplicativos de monitoramento ambiental, além de ajustar automaticamente a exibição de conteúdo com base na luminosidade do ambiente.

As figuras a seguir mostram um exemplo básico de como utilizar o sensor de luz em uma aplicação em React Native.

Figura 3.41 – Importação da biblioteca expo-sensor

```
1 import React, { useEffect, useState } from 'react';
2 import { Text, View } from 'react-native';
3 import { LightSensor } from 'expo-sensors';
4
5 const LightSensorExample = () => {
6   // Estado para armazenar o valor do sensor de luz
7   const [lightValue, setLightValue] = useState(null);
```

Figura 3.42 – Sensor de luz ao receber um valor

```
9   useEffect(() => {
10    // Adiciona um listener para o sensor de luz e
11    // atualiza o estado com o valor recebido
12    const subscription = LightSensor.addListener(lightData => {
13      setLightValue(lightData.light);
14    });
15
16    // Remove o listener quando o componente é desmontado para
17    // evitar vazamentos de memória
18    return () => {
19      subscription.remove();
20    };
21  }, []);
```

Figura 3.43 – Retorno com exibição do valor do sensor de luz

```
23    return (
24      <View>
25        {/* Exibe o valor do sensor de luz */}
26        <Text>Valor do Sensor de Luz: {lightValue}</Text>
27      </View>
28    );
29  };
30
31  export default LightSensorExample;
```

No exemplo, utilizamos o hook useEffect para configurar o listener do sensor de luz quando o componente é montado. Quando o sensor detecta uma mudança na luminosidade, o estado lightValue é atualizado com o valor recebido do sensor. Esse valor é então exibido no componente utilizando o componente Text.

Giroscópio

O giroscópio é um sensor que mede a taxa de rotação do dispositivo em torno de seus eixos. Ele permite detectar movimentos precisos, como rotações e giros, promovendo uma experiência de usuário mais imersiva.

Na comunicação com APIs, o giroscópio pode ser utilizado para enviar dados de orientação do dispositivo para aplicativos de realidade aumentada e jogos, e também para introduzir interações baseadas em movimento em aplicativos de entretenimento e navegação.

Nas imagens a seguir, vemos um exemplo básico de utilização do giroscópio em uma aplicação React Native.

Figura 3.44 – Importação da biblioteca expo-sensors

```
1  import React, { useEffect, useState } from 'react';
2  import { Text, View } from 'react-native';
3  import { Gyroscope } from 'expo-sensors';
4
5  const GyroscopeExample = () => {
6    // Estado para armazenar os dados do giroscópio
7    const [gyroscopeData, setGyroscopeData] = useState({});
```

Figura 3.45 – Função para atualizar os dados do giroscópio

```
9   useEffect(() => {
10    // Configura o intervalo de atualização do giroscópio
11    // para 1000 milissegundos (1 segundo)
12    Gyroscope.setUpdateInterval(1000);
13
14    // Adiciona um listener para o giroscópio e atualiza o estado
15    // com os dados recebidos
16    const subscription = Gyroscope.addListener(gyroscopeData => {
17      setGyroscopeData(gyroscopeData);
18    });
```

Figura 3.46 – Retorno com os dados atualizados

```
27  return (
28    <View>
29      {/* Exibe os valores de rotação nas três dimensões X, Y e Z */}
30      <Text>Rotação X: {gyroscopeData.x}</Text>
31      <Text>Rotação Y: {gyroscopeData.y}</Text>
32      <Text>Rotação Z: {gyroscopeData.z}</Text>
33    </View>
34  );
35  };
36
37  export default GyroscopeExample;
```

Nesse exemplo, utilizamos a biblioteca expo-sensors para acessar os dados do giroscópio do dispositivo. Como vimos, esses dados podem ser enviados para APIs externas para criar interações baseadas em movimento em aplicativos de realidade aumentada, jogos e outras experiências imersivas.

IMPORTANTE

Utilizar geolocalização, sensores e giroscópio em aplicativos móveis é uma ótima escolha para aprimorar a comunicação com APIs externas. Ao integrar esses recursos de forma inteligente, criamos experiências de usuário mais envolventes, personalizadas e contextualizadas. É importante, contudo, considerar questões de privacidade e segurança ao lidar com dados sensíveis, como informações de localização do usuário. Ao fazê-lo, os aplicativos podem fornecer benefícios significativos sem comprometer a segurança e privacidade das pessoas.

6. TESTES DE API

Como já sabemos, os testes são uma prática indispensável no desenvolvimento de aplicativos, pois garantem que a comunicação entre diferentes componentes e serviços seja robusta e confiável.

Os principais benefícios dos testes de API incluem:

- **Garantia de qualidade e integridade**: ajudam a garantir que os endpoints e funcionalidades da API funcionem conforme o esperado.

- **Detecção precoce de problemas**: ao identificar e corrigir problemas de integração entre o aplicativo e a API durante a fase de desenvolvimento, os testes de API ajudam a evitar problemas mais graves no futuro.

- **Manutenção facilitada**: testes bem definidos facilitam a manutenção do código, permitindo alterações e atualizações com confiança.

Esses testes são essenciais para garantir, por exemplo, que as chamadas à API em um aplicativo React Native operem corretamente.

Para entender sua importância, vamos pensar na seguinte situação: um aplicativo de previsão do tempo consome uma API de terceiros para obter informações sobre o clima. Ao realizar testes de API nesse cenário, podemos verificar se as solicitações estão sendo feitas de forma correta, se as respostas estão no formato esperado e se os dados estão sendo exibidos sem erros no aplicativo.

Ferramentas e técnicas para testes no aplicativo

Há diversas ferramentas disponíveis para realizar testes de API de forma eficaz, mas aqui vamos conhecer as mais populares atualmente:

- **Jest**: é um framework de teste de código aberto desenvolvido pelo Facebook para JavaScript. Ele é amplamente utilizado para testar aplicativos JavaScript, incluindo aplicativos React e React Native. O Jest foi projetado para ser simples de usar, rápido e eficiente, com uma sintaxe limpa e intuitiva. Oferece suporte completo para testes de unidade, testes de integração e testes de snapshot em seu código.

- **Supertest**: é uma biblioteca popular para testes de API em Node.js. Ela é bastante usada com o Jest para realizar testes de integração em APIs. Com o Supertest, você pode fazer solicitações HTTP para a sua API e realizar asserções sobre as respostas.

Além de ferramentas, podem ser empregadas algumas técnicas.

Vamos considerar as frases destacadas a seguir.

O teste de integração verifica se um endpoint específico de uma API está funcionando conforme o esperado

Nesse exemplo, vamos enviar uma solicitação POST para o endpoint de autenticação /api/authenticate com dados fictícios de usuário e senha. Precisamos verificar se o status da resposta é 200 (OK) ou 401 (Não Autorizado), e isso depende do cenário específico.

Também verificamos se o corpo da resposta contém uma propriedade token indicando que a autenticação foi bem-sucedida. Esse teste garante que o endpoint de autenticação esteja respondendo corretamente e fornecendo o comportamento esperado em diferentes cenários de autenticação. Confira na figura 3.47.

Figura 3.47 – Teste de integração com Jest e Supertest

```javascript
import supertest from 'supertest';
import app from '../app'; // Importe o arquivo principal do seu
// aplicativo React Native

const request = supertest(app);

test('Teste de integração para verificar o endpoint de autenticação', async () => {
    // Envie uma solicitação POST para o endpoint de autenticação
    // com dados fictícios
    const response = await request.post('/api/authenticate')
        .send({ username: 'usuario', password: 'senha' });

    // Verifique se o status da resposta é 200 (OK) ou 401 (Não Autorizado)
    // dependendo do cenário
    expect(response.status).toBe(200) || expect(response.status).toBe(401);

    // Verifique o corpo da resposta, se necessário
    expect(response.body).toHaveProperty('token');
});
```

O teste de unidade verifica se uma função ou módulo específico está funcionando conforme o esperado, isolando-o de outras partes do sistema

Nesse exemplo, temos uma função calcularPrecoTotal, que recebe uma lista de produtos e retorna o preço total desses produtos. O teste verifica se a função calcularPrecoTotal retorna o valor correto com base nos produtos fornecidos. No caso, espera-se que o resultado retornado pela função seja igual a 26.98.

Podemos conferir esse cenário na figura 3.48.

Figura 3.48 – Teste de unidade

```javascript
// Importe a função ou módulo que deseja testar
import { calcularPrecoTotal } from './calcPrecoTotal';

test('calcular preço total dos produtos', () => {
    const produtos = [
        { id: 1, name: 'Produto A', price: 10.99 },
        { id: 2, name: 'Produto B', price: 15.99 }
    ];
    expect(calcularPrecoTotal(produtos)).toBe(26.98);
});
```

A automação aumenta a eficiência e a consistência dos testes de API, reduzindo a chance de erros humanos e viabilizando a execução de testes repetíveis

Nesse último exemplo, vamos criar um script de automação de testes usando o Jest. No arquivo package.json do projeto, acrescentamos o código apresentado na figura 3.49.

Figura 3.49 – Script de automação no arquivo package.json

```json
{
    "scripts": {
        "test": "jest --config=jest.config.js"
    }
}
```

Precisamos criar um arquivo js que irá conter a configuração geral do Jest. Nele vamos escrever o código apresentado na figura 3.50.

Figura 3.50 – Configurações do Jest

```js
module.exports = {
    testMatch: ['**/?(*.)+(test).js']
};
```

Agora, para executar o teste, criamos um arquivo que irá conter o teste a ser executado. Nesse caso, será um teste de unidade, no qual inserimos o código apresentado na figura 3.51.

Figura 3.51 – Teste de unidade

```js
// Função de exemplo para teste de unidade
function soma(a, b) {
    return a + b;
}

// Teste de unidade
test('soma de dois números', () => {
    expect(soma(1, 2)).toBe(3);
});
```

Os scripts anteriores permitem automatizar a execução dos testes, assegurando que seja feita de forma consistente. Além disso, possibilitam a separação de testes de unidade para facilitar a manutenção e a identificação de problemas no aplicativo React Native.

ARREMATANDO AS IDEIAS

Neste capítulo, conhecemos o universo dos Web Services, os tipos mais comuns, os protocolos de comunicação utilizados e as diferentes arquiteturas. Desde os fundamentos do HTTP e HTTPS até a estrutura formal do SOAP, entendemos como esses protocolos permitem a troca segura entre sistemas.

Examinamos os serviços RESTful, que têm se tornado a escolha preferida para muitas aplicações modernas, e, comparativamente, o protocolo SOAP, destacando sua aplicabilidade em ambientes que requerem maior padronização e segurança.

Além disso, discutimos a importância de notificações, testes e dos recursos de conectividade, bem como a integração com APIs externas, que possibilita a expansão das funcionalidades em aplicativos móveis.

Com esses conhecimentos, ficamos mais preparados para enfrentar os desafios de desenvolvimento e integração de serviços web, criando soluções mais conectadas e eficientes.

CAPÍTULO 4

Distribuição de aplicativos móveis

Os aplicativos baixados em seu smartphone foram publicados em quais formatos de distribuição? Você pesquisa mais os formatos pagos ou gratuitos? Se há aplicativos gratuitos, por que optar por um pago?

Neste último capítulo, vamos conhecer os principais formatos de distribuição de aplicativos e suas diferenças, os tipos de arquivos, as lojas virtuais e seus requisitos, além das regras de publicação.

1. FORMATO DE DISTRIBUIÇÃO

Após finalizar a criação e desenvolvimento de um aplicativo, precisamos definir qual será o seu formato de distribuição e em quais lojas virtuais ele será publicado.

Usuários mobile que já navegaram por essas lojas possivelmente se depararam com os termos **"free"**, **"lite"**, **"premium"** e **"freemium"**. Eles indicam o formato de distribuição do aplicativo, ou seja, se é gratuito, compacto, pago ou completo.

A seguir, vamos listar e explicar cada um deles.

Free

O termo "free" indica que o aplicativo é totalmente gratuito; você não precisa pagar valor algum para o download e a utilização. Como exemplos de aplicativos free, podemos citar Facebook, Instagram, TikTok, WhatsApp e YouTube. Geralmente esses aplicativos são desenvolvidos para uma função muito específica.

Por serem gratuitos, alguns deles costumam exibir janelas de propaganda durante o uso, já que essa é uma das formas mais simples de monetizar com o conteúdo free. Existem diversos formatos de exibição de publicidade, sendo os mais comuns os banners promocionais ou vídeos curtos – entre uma fase e outra de um jogo, por exemplo.

Lite

Os aplicativos lite podem se apresentar de duas formas: como uma demonstração da versão completa ou como uma versão mais leve de um aplicativo maior e complexo.

PRÁTICA

Imagine uma empresa desenvolvedora que possui um aplicativo completo e pago. Essa empresa deseja que os usuários conheçam algumas funcionalidades do aplicativo antes de pagarem pelo produto. Assim, ela lança uma versão lite de forma gratuita e que não tenha todas as funcionalidades desbloqueadas.

Outra situação seria a empresa desenvolvedora possuir um aplicativo muito pesado e que exige bastante do hardware do dispositivo mobile. Com isso, os celulares antigos ou com hardware abaixo do recomendado começam a apresentar lentidão ou até travamentos durante o uso. Assim, ela lança uma versão lite para possibilitar o uso do aplicativo em dispositivos com desempenho mais modesto. Um exemplo é o aplicativo do Facebook, que possui uma versão chamada Facebook Lite desenvolvida exclusivamente para celulares com pouco poder computacional. Essa versão da rede social tem recursos limitados, não consome tanta memória e é bem mais simples.

Premium

Nas lojas virtuais, os aplicativos premium são cobrados no momento do download, ou seja, o usuário só consegue instalá-los em seu celular mediante o pagamento. Esse modelo de negócio tem funcionado bem para praticamente qualquer tipo de aplicativo ou jogo.

Os aplicativos que mais costumam cobrar pelo download são aqueles recheados de funções ou com funcionalidades bem específicas, que atendem diretamente a um nicho de usuários. Também há os aplicativos infantis, pelos quais a empresa desenvolvedora prefere cobrar uma única vez em lugar de colocar anúncios ou compras durante o seu uso.

Freemium

"Freemium" é a mistura das palavras "free" e "premium". Na prática, é a junção dos modelos free e premium dentro do mesmo aplicativo.

Os aplicativos freemium são gratuitos para download e uso. Caso o usuário queira usar recursos específicos ou mesmo retirar os anúncios de publicidade, deverá pagar por isso; no entanto, é perfeitamente possível usar o aplicativo sem pagar nada a mais por ele. Como exemplo de aplicativo freemium, podemos citar o jogo Clash of Clans.

Esse é o modelo de distribuição que vem demonstrando ser o mais eficaz. É muito rentável e pode render por mais tempo. Além disso, faz um nítido contraste com os aplicativos premium, que têm potencial de lucro limitado, já que o usuário só paga uma vez.

2. LOJAS VIRTUAIS DE APLICATIVOS

Você tem ideia de quantos aplicativos estão disponibilizados nas lojas virtuais do seu smartphone? Sabia que essas lojas possuem outros tipos de formato além dos aplicativos?

Nas lojas virtuais, é possível encontrar milhões de ferramentas do mundo inteiro, dos mais variados tipos, como redes sociais, games, aplicativos de gerenciamento de tarefas, bancos, livros, músicas, revistas, etc.

Essas plataformas costumam já vir instaladas em nossos dispositivos mobile, mas cabe ressaltar que não são restritas a smartphones. Podemos encontrá-las também em desktops ou até em televisões do tipo smart.

As duas plataformas mais famosas do mercado virtual são a **Google Play Store** e a **App Store**. Elas são utilizadas para a mesma finalidade: pesquisar, baixar e instalar aplicativos. Os elementos encontrados em ambas as plataformas também são os mesmos: descrição, ícone, galeria de imagens, comentários e provavelmente um vídeo ou trailer.

Figura 4.1 – Logotipo das lojas virtuais Google Play Store e App Store

Neste livro, vamos utilizar como exemplos apenas as lojas Google Play Store e App Store, que são as maiores e mais utilizadas plataformas de distribuição e promoção de aplicativos. Vale lembrar, no entanto, que existem outras lojas de publicação, como a Microsoft Store, Aptoide e Amazon App Store.

Google Play Store

Google Play Store, ou simplesmente Play Store, como é popularmente chamada, é a loja de aplicativos oficial da empresa Google. Por meio dela, os usuários Android conseguem fazer downloads de aplicativos de forma gratuita ou paga.

Conhecida anteriormente como Android Market, a loja possui milhões de aplicativos de diversos gêneros. Para os casos em que é necessário desembolsar alguma quantia, o usuário pode cadastrar o cartão de crédito ou usar outro método da própria plataforma, facilitando a compra ou renovação do serviço.

App Store

A App Store é a loja oficial de aplicativos desenvolvida e mantida pela empresa Apple Inc para dispositivos com sistema operacional iOS e iPadOS. Foi lançada em julho de 2008 por meio de uma atualização no iTunes (software responsável pela sincronização de dados entre dispositivos).

Alguns aplicativos também podem ser transferidos para o smartwatch Apple Watch. Para ficar disponível na loja, o aplicativo deve passar por um processo manual de aprovação.

3. TIPOS DE ARQUIVOS

No Android

Para publicar seu aplicativo na **Google Play Store**, é necessário obter os arquivos **.apk** ou **.aab**.

Sempre que rodamos o código fonte do **React Native** para emular o aplicativo, é gerado um **.apk** na pasta ...*android\app\build\outputs\apk\debug*, para instalar o aplicativo no emulador durante o processo de desenvolvimento.

Desde o lançamento do Android, em setembro de 2008, os arquivos **.apk** têm sido o formato universal para publicações de aplicativos, mas isso vem mudando desde agosto de 2021, quando a empresa passou a exigir arquivos **.aab** para atualizações ou para a postagem de novos aplicativos em sua loja.

O arquivo AAB (Android App Bundle) contém o código completo do programa do aplicativo Android. Assim que o aplicativo é desenvolvido por completo, a empresa desenvolvedora envia o arquivo para a Google Play Store no formato **.aab**.

O Android passou a exigir que seus aplicativos sejam assinados digitalmente antes de instalados. Para a sua publicação na loja Google Play Store, o aplicativo precisa então ser assinado com uma chave de lançamento, que será utilizada em todas as atualizações futuras.

Agora, vamos ver como gerar uma chave de assinatura privada utilizando o *keytool*.

O comando a seguir deve ser executado como Administrador dentro da pasta de instalação do Java.

■ **Exemplo no Windows**: C:\Program Files\Java\jdkx.x.x_x\bin

```
keytool -genkeypair -v -storetype PKCS12 -keystore
my-upload-key.keystore -alias my-key-alias -keyalg RSA
-keysize 2048 -validity 10000
```

- **Exemplo no Mac**: /Library/Java/JavaVirtualMachines/jdkX.X.X_XXX.jdk/Contents/Home

```
sudo keytool -genkey -v -keystore my-upload-key.keystore
-alias my-key-alias -keyalg RSA -keysize 2048 -validity
10000
```

Após confirmar o comando, preenchemos as informações solicitadas juntamente com uma senha para o *keystore*. Em seguida, são gerados os arquivos das chaves – my-release-key.keystore e my-upload-key.keystore.

O *keystore* contém uma única chave, válida por 10 mil dias. O "alias" é um nome que você usará posteriormente ao assinar seu aplicativo; portanto, lembre-se de anotá-lo.

Copie os arquivos e cole na pasta *app*, que fica dentro da pasta *android* do seu projeto /seuapp/android/app.

O próximo passo é editar o arquivo ~/.gradle/gradle.properties ou android/gradle.properties e substituir o "*****" pela senha correta do **keystore**, **alias** e **senha da chave**.

```
MYAPP_UPLOAD_STORE_FILE=my-upload-key.keystore
MYAPP_UPLOAD_KEY_ALIAS=my-key-alias
MYAPP_UPLOAD_STORE_PASSWORD=*****
MYAPP_UPLOAD_KEY_PASSWORD=*****
```

Na última etapa, configuramos as compilações de versão para serem assinadas usando a chave de upload.

Edite o arquivo android/app/build.gradle na pasta do seu projeto e adicione a configuração de assinatura, como é mostrado a seguir.

```
...
android {
    ...
    defaultConfig { ... }
    signingConfigs {
        release {
            if (project.hasProperty('MYAPP_UPLOAD_STORE_
FILE')) {
                storeFile file(MYAPP_UPLOAD_STORE_FILE)
                storePassword MYAPP_UPLOAD_STORE_PASSWORD
                keyAlias MYAPP_UPLOAD_KEY_ALIAS
                keyPassword MYAPP_UPLOAD_KEY_PASSWORD
            }
        }
    }
    buildTypes {
        release {
            ...
            signingConfig signingConfigs.release
        }
    }
}
...
```

Para **gerar arquivo .apk**, acesse o terminal, entre na pasta .../*seuapp/ android* e digite: "**./gradlew assembleRelease**". O arquivo será criado na pasta *android\app\build\outputs\apk\release*.

Para **gerar arquivo .aab**, acesse o terminal, entre na pasta .../*seuapp/ android* e digite: "**./gradlew bundleRelease**". O arquivo será criado na pasta *android\app\build\outputs\bundle\release*.

No iOS

Já em publicações na **App Store**, utilizamos o arquivo com a extensão **.xcworkspace**. É possível baixá-lo pelo Xcode (plataforma de desenvolvimento iOS), de acordo com os passos a seguir:

1. Abra o projeto no Xcode, acesse o menu *Product > Archive*. Certifique-se de configurar o dispositivo para *Qualquer dispositivo iOS (arm64)*.

2. Após a conclusão do arquivo, clique em *Distribute App* na janela de arquivo.

3. Para publicar o aplicativo diretamente do Xcode, clique em *App Store Connect*.

4. Clique em *Upload* (certifique-se de que todas as caixas de seleção estejam marcadas) e, em seguida, clique em *Next*.

5. Escolha entre *Automatically manage signing* e *Manually manage signing* com base em suas necessidades.

6. Clique em *Upload*.

7. Após a conclusão do upload, seu aplicativo estará disponível na App Store Connect, em TestFlight.

8. Preencha as informações necessárias e, na seção *Build*, selecione a *build* do aplicativo e clique em *Save > Submit For Review*.

Caso dê erro em alguma etapa ao gerar os arquivos específicos de cada plataforma, é recomendado voltar e refazer os passos, seguindo-os atentamente.

DICA

O mundo da tecnologia da informação vem se atualizando frequentemente, por isso é importante estar sempre atento às novas versões das linguagens utilizadas no desenvolvimento de aplicativos, assim como às novas regras e exigências que são aplicadas nas lojas de publicação.

4. POLÍTICAS DE PUBLICAÇÃO

Quando um aplicativo é desenvolvido e finalizado, seja através de programação ou de ferramentas sem código, ele passa pelo processo de publicação nas lojas.

Vamos listar neste tópico alguns **pré-requisitos** de extrema importância para que a publicação seja um sucesso e o aplicativo fique disponível para todos os usuários da plataforma.

No Google

A Google Play Store continua sendo a principal plataforma de distribuição de aplicativos Android, embora existam alternativas.

Figura 4.2 – Exemplo: aplicativo do Senac São Paulo publicado na loja Google Play Store (Android)

Para publicar e permitir que usuários do Android baixem e usem o aplicativo em seus smartphones ou tablets, devemos garantir o cumprimento de alguns requisitos.

Etapa 1: crie uma conta de desenvolvedor Google

Acesse a plataforma Google Play Console pelo site https://play.google.com/console e crie uma conta de desenvolvedor Google.

Atualmente, para publicações de aplicativos na Play Store, há uma taxa única a ser paga durante o registro. Após a confirmação do pagamento, você já pode publicar aplicativos ilimitados em sua conta.

Figura 4.3 – Tela do Google Play Console

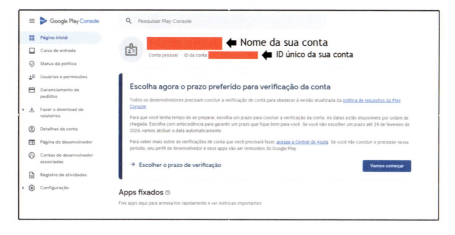

Etapa 2: inclua descrições em seu aplicativo

O nome do aplicativo é fundamental e deve ser exclusivo, refletindo as suas principais funcionalidades. Não podemos esquecer a limitação de caracteres:

- **Nome do aplicativo**: máximo de 30 caracteres.
- **Descrição resumida**: máximo de 80 caracteres.
- **Descrição completa**: máximo de 4.000 caracteres.

Etapa 3: faça o upload dos materiais de marketing

Em meio aos milhares de aplicativos, de diferentes tipos, publicados na Play Store, precisamos pensar em como obter destaque. Para o aplicativo ser atrativo aos usuários antes mesmo de ser baixado, devemos preparar as imagens que servirão de demonstração nas lojas:

- **Upload do ícone do aplicativo**: 512 x 512 pixels, formato PNG. Tamanho permitido: 1024 KB.

- **Upload de no máximo oito capturas de tela do aplicativo**: tamanhos variados entre 320 px e 3.840 px, formato JPG ou PNG. Se o aplicativo estiver disponível também para tablets, realize capturas de tela adicionais para eles.

- **Upload de um gráfico de recursos**: 1.024 px x 500 px, formato JPEG ou PNG. Item obrigatório para publicação e usado em todos os lugares em que o aplicativo aparecer na Play Store. Há também a possibilidade de enviar um vídeo promocional sobre o aplicativo.

Etapa 4: adicione uma política de privacidade e informações gerais

Precisamos adicionar uma política de privacidade para informar como o aplicativo lida com dados confidenciais de usuários e dispositivos.

A Play Store exige um link exclusivo para a política de privacidade na página de detalhes da loja e no próprio aplicativo, caso este:

- solicite acesso a permissões ou dados confidenciais;

- faça parte do programa "Para a família".

Etapa 5: faça o upload do arquivo final do aplicativo

Após a compilação do projeto, é gerado um arquivo final no formato APK (**.apk**) ou AAB (**.aab**). Esses arquivos são necessários para executar o aplicativo nos dispositivos Android.

Desde agosto de 2021, o Google começou a mudar para o AAB, já que esse formato é 15% menor e pode ser baixado mais rapidamente. Estima-se que em breve o AAB se tornará o formato principal e substituirá completamente o APK.

Etapa 6: envie para aprovação

Após seguir as etapas anteriores, a publicação do aplicativo passará por rigorosas validações internas do Google. Se o aplicativo for aprovado na moderação, ele estará disponível na Google Play Store em algumas horas ou alguns dias.

Na Apple

A Apple tem critérios rigorosos para publicação, tornando o processo muito mais difícil que no Google.

Figura 4.4 – Exemplo: aplicativo do Senac São Paulo publicado na loja App Store (iOS)

Etapa 1: crie uma conta de desenvolvedor Apple

Da mesma forma que na Google Play Store, criamos uma conta de desenvolvedor Apple, no link https://developer.apple.com/. Após a criação, deve ser paga uma taxa anual de registro, que varia de acordo com o tipo de cadastro feito – Apple Developer Program (pessoa física) ou Apple Developer Enterprise Program (organizações). Em seguida, é preciso criar alguns itens adicionais, como um certificado de distribuição, e configurar seu ID de aplicativo.

Figura 4.5 – Exemplo: aplicativo do Senac São Paulo publicado na loja App Store (iOS)

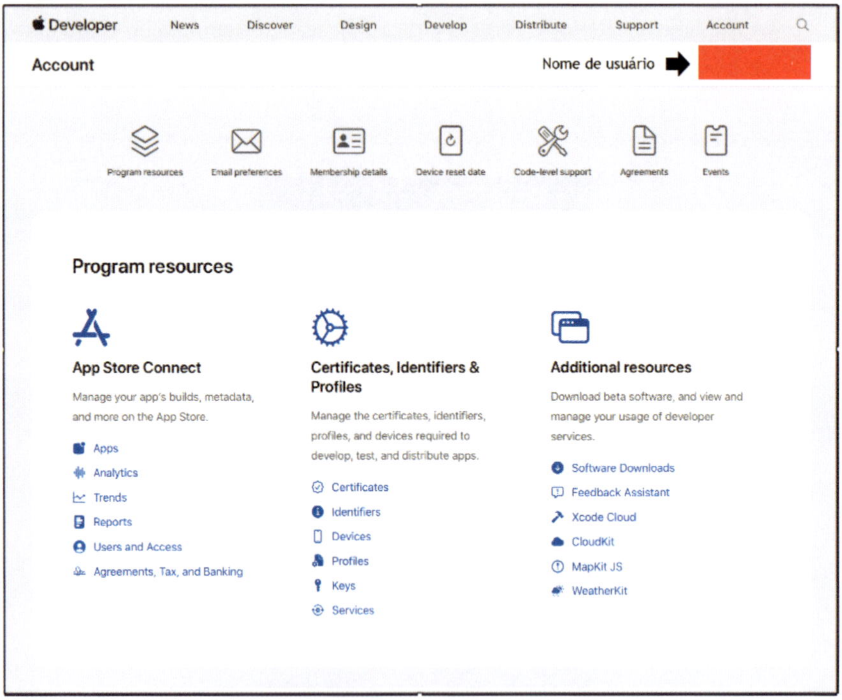

Etapa 2: inclua descrições em seu aplicativo

Escolha um título e uma descrição exclusivos para o seu aplicativo:

- **Título do aplicativo**: máximo de 30 caracteres.

- **Descrição completa**: máximo de 4.000 caracteres.

Etapa 3: faça o upload dos materiais de marketing

Também precisamos realizar o upload dos ícones de aplicativos. Os ícones devem ser sem filetes e sem transparência. Para cada dispositivo há um parâmetro:

- **iPhone**: 180 px × 180 px ou 120 px × 120 px.
- **iPad Pro**: 167 px x 167 px.
- **iPad, iPad mini**: 152 px x 152 px.
- **App Store**: 1.024 px x 1.024 px.

O upload deve ser de no máximo cinco capturas de tela por resolução, e as capturas não devem ser transparentes.

Etapa 4: verifique informações de marketing

Realize um estudo sobre as palavras-chave (tags) para que os usuários encontrem seu aplicativo com facilidade. Verifique os preços e as descrições das compras no aplicativo.

Os URLs de suporte e marketing são locais onde os usuários podem encontrar informações de marketing sobre o aplicativo.

Etapa 5: inclua informações adicionais

Ao enviar uma nova versão, por exemplo, adicione informações sobre atualizações. Inclua também informações sobre o proprietário, como nome e meios de contato.

Para classificar o aplicativo na categoria adequada e definir um limite de idade, devemos preencher um questionário, disponível no próprio site da Apple, especificando alguns parâmetros. O sistema atribuirá automaticamente uma classificação etária.

Etapa 6: envie para aprovação (TestFlight)

Depois de finalizar as etapas anteriores, enviamos os arquivos para o teste **beta TestFlight**, em que será verificado se o aplicativo está em conformidade com as diretrizes da Apple App Store. O prazo estimado de retorno informado pela desenvolvedora para revisar os dados é de 24 horas a uma semana.

DICA

==Como destacar nosso aplicativo entre os milhões já postados nas lojas virtuais? Sugerimos utilizar ótimas imagens das telas internas e, se possível, um vídeo explicativo mostrando a sua navegabilidade. Uma breve descrição sobre a sua funcionalidade também é um detalhe a mais para os futuros usuários.==

5. REQUISITOS DA LOJA

No Android

Recentemente, a empresa Google aplicou regras mais rigorosas para o processo de aprovação de aplicativos. Elas contribuem para a publicação de aplicativos mais confiáveis na Google Play Store.

Figura 4.6 – Logotipo do sistema operacional Android, desenvolvido pelo Google

A remoção de aplicativos que podem danificar os smartphones ou roubar dados importantes acabou beneficiando a todos. Para resolver esse problema, vamos primeiro discutir por que isso acontece.

A rejeição de um aplicativo após tanto trabalho duro é assustadora, mas pode ser contornada. O que fazer e o que não fazer caso seu aplicativo seja recusado na Google Play Store?

Existem alguns motivos para a rejeição de aplicativos pela loja virtual:

- **Falha do aplicativo**: durante o uso, o aplicativo pode causar vários travamentos no dispositivo e, com isso, levar ao seu banimento da Play Store.

- **Clonagem do aplicativo**: seu aplicativo será excluído se você fizer referência ou copiar qualquer marca que não pertença a você.

- **Violação de dados**: o Google está empenhado em proteger a privacidade do usuário. Se o abuso enganoso, malicioso ou intencional dos dados privados do usuário for detectado, seu aplicativo será proibido.

- **Conteúdo impróprio**: o aplicativo não deve ter violência gráfica, comentários racistas ou conteúdo sexual.

- **Classificação imprópria**: durante o processo de publicação, é preciso definir corretamente a faixa etária do aplicativo.

- **Falta de conformidade**: os anúncios precisam estar em conformidade com todas as políticas do Google.

- **Funcionalidade quebrada**: aplicativos de baixa qualidade, com vários travamentos e congelamentos, são banidos da Play Store.

No iOS

Algumas pesquisas constataram que 62% das rejeições mais comuns da Apple Store ocorrem pelo descumprimento das regras da loja (QueroApp, 2018). Todo esse processo de publicação – aguardar a validação e a aprovação da equipe Apple – consome tempo e energia caso o aplicativo não seja aprovado de primeira.

Figura 4.7 – Logotipo do sistema operacional iOS, desenvolvido pela Apple

Vejamos aqui os motivos de rejeição pela App Store:

- **Vários erros**: seu aplicativo será rejeitado se forem detectados bugs ou erupções. Teste-o com antecedência.

- **Conteúdo inacabado**: um aplicativo sem conteúdo finalizado não fica disponível na App Store.

- **UI ruim**: você deve cumprir os requisitos de interface mencionados nas diretrizes de design.

- **Links quebrados**: se os links no aplicativo não funcionarem bem, isso pode aumentar as chances de rejeição.

- **Descrições negligentes**: seu aplicativo será rejeitado se a descrição for imprecisa, se as capturas de tela dificultarem o entendimento dos usuários sobre o que o aplicativo faz, ou se ele prometer uma funcionalidade que esteja indisponível.

- **Anúncios inválidos**: verifique se o seu aplicativo exibe anúncios adequadamente em todos os dispositivos.

- **Duplicação de aplicativos**: cuidado para não enviar duas inscrições semelhantes de aplicativos.

- **Baixa qualidade e poucos recursos**: se um aplicativo não oferece funcionalidade ou conteúdo suficientes, ou se é direcionado a um nicho de mercado muito pequeno, há maior chance de ser rejeitado.

ARREMATANDO AS IDEIAS

Apresentamos neste capítulo alguns conceitos e características das lojas para a distribuição de aplicativos móveis. Conhecemos os diferentes formatos de aplicativo, as principais lojas virtuais, os tipos de arquivo em cada sistema operacional, além das políticas de publicação e dos requisitos dessas lojas.

Com tudo isso em mente, a tarefa de publicar um aplicativo fica um pouco mais fácil. Ao seguirmos as regras definidas por cada loja, evitamos retrabalhos e conseguimos ter nosso aplicativo disponibilizado para o público.

Aproveite o momento para revisitar os tópicos do livro que mais geraram dúvidas e, quem sabe, para colocar em prática o seu projeto.

Referências

ADJUST. A/B testing for mobile apps: a comprehensive guide. **Adjust**, [s. d.]. Disponível em: https://www.adjust.com/pt/blog/ab-testing-for-mobile-apps/. Acesso em: 5 fev. 2024.

ADOBE BRASIL. Protótipo interativo com apenas 6 plug-ins Adobe XD e Design UX. **Adobe Brasil**, 2021. Disponível em: https://blog.adobe.com/br/publish/2021/05/19/prototipo-interativo-com-apenas-6-plug-ins-adobe-xd-e-design-ux. Acesso em: 3 jan. 2024.

ADOBE COLOR. Home page. **Adobe**, [s. d.]. Disponível em: https://color.adobe.com/pt/. Acesso em: 22 maio 2024.

ADOBE XD. *In*: WIKIPÉDIA: a enciclopédia livre. **Wikimedia**, [s. d.]. Disponível em: https://pt.wikipedia.org/wiki/Adobe_XD. Acesso em: 3 maio 2024.

ANDROID DEVELOPERS. Criar aplicativos mais acessíveis. **Android Developers**, [s. d.]a. Disponível em: https://developer.android.com/guide/topics/ui/accessibility/apps?hl=pt-br/. Acesso em: 20 jan. 2024.

ANDROID DEVELOPERS. Home page. **Android Developers**, [s. d.]b. Disponível em: https://developer.android.com/. Acesso em: 5 abr. 2024.

ANDROID DEVELOPERS. Modo de compatibilidade do dispositivo. **Android Developers**, [s. d.]c. Disponível em: https://developer.android.com/guide/topics/large-screens/large-screen-compatibility-mode?hl=pt-br. Acesso em: 16 maio 2024.

ANDROID DEVELOPERS. Princípios para melhorar a acessibilidade do app. **Android Developers**, [s. d.]d. Disponível em: https://developer.android.com/guide/topics/ui/accessibility/principles?hl=pt-br/. Acesso em: 20 jan. 2024.

ANDROID. Acessibilidade. **Android**, [s. d.]. Disponível em: https://www.android.com/intl/pt-BR_br/accessibility/. Acesso em: 9 dez. 2023.

APPLE DEVELOPER. Apple developer documentation. **Apple Developer**, [s. d.]a. Disponível em: https://developer.apple.com/documentation/. Acesso em: 5 abr. 2024.

APPLE DEVELOPER. Apple Developer Program. **Apple Developer**, [s. d.]b. Disponível em: https://www.apple.com/br/itunes/working-itunes/sell-content/apps/. Acesso em: 16 jan. 2024.

APPLE DEVELOPER. Human interface guidelines: gestures. **Apple Developer**, jun. 2024. Disponível em: https://developer.apple.com/design/human-interface-guidelines/gestures/. Acesso em: 28 jun. 2024.

APPLE. Acessibilidade. **Apple**, [*s. d.*]. Disponível em: https://www.apple.com/br/accessibility/. Acesso em: 9 dez. 2023.

APPMASTER. Padrões de design para dispositivos móveis. **AppMaster**, 5 set. 2023. Disponível em: https://appmaster.io/pt/glossary/padroes-de-design-para-dispositivos-moveis/. Acesso em: 9 dez. 2023.

ARGO. Confira 6 ferramentas de teste de usabilidade. **Argo Solutions**, nov. 2021. Disponível em: https://useargo.com/teste-de-usabilidade/. Acesso em: 5 fev. 2024.

AWARI. Tipos de Design UI: explorando diferentes estilos e abordagens de interface. **Awari**, jul. 2023. Disponível em: https://awari.com.br/tipos-de-design-ui-explorando-diferentes-estilos-e-abordagens-de-interface/. Acesso em: 22 dez. 2023.

AWS. Home page. **AWS**, [*s. d.*]. Disponível em: https://aws.amazon.com/pt/. Acesso em: 1 jul. 2024.

AZURE. Home page. **Azure**, [*s. d.*]. Disponível em: https://azure.microsoft.com/pt-br. Acesso em: 1 jul. 2024.

CHORNYY, Andrew. Guia passo a passo para teste de usabilidade de site. **Plerdy**, jan. 2024. Disponível em: https://www.plerdy.com/pt/blog/what-is-website-usability-testing/. Acesso em: 5 fev. 2024.

CROMPTON, Samuel Willard. **Alexander Graham Bell and the telephone**: the invention that changed communication. Nova York: Chelsea House Publications, 2009.

DESIGNCROWD. App Design: 15 examples of skeuomorphism in user interfaces. **DesignCrowd**, jul. 2012. Disponível em: https://blog.designcrowd.com/article/339/app-design-15-examples-of-skeuomorphism-in-user-interfaces/. Acesso em: 10 jan. 2024.

EXCALIDRAW. Home page. **Excalidraw**, [*s. d.*]. Disponível em: https://www.excalidraw.com. Acesso em: 21 maio 2024.

FEMINISTECH. Desvendando a acessibilidade dos aplicativos móveis: descubra como testá-la. **DEV Community**, ago. 2023. Disponível em: https://dev.to/feministech/desvendando-a-acessibilidade-dos-aplicativos-moveis-descubra-como-testa-la-1m36/. Acesso em: 20 jan. 2024.

FERNANDES, Rodrigo. Dez celulares da Nokia que fizeram sucesso nos anos 2000. **TechTudo**, 8 abr. 2019. Disponível em: https://www.techtudo.com.br/listas/2019/04/dez-celulares-da-nokia-que-fizeram-sucesso-nos-anos-2000.ghtml. Acesso em: 25 nov. 2023.

FERNANDES, Vitória. 62% dos consumidores fazem até cinco compras online por mês, aponta pesquisa. **Forbes**, jul. 2023. Disponível em: https://forbes.com.br/forbes-money/2023/07/62-dos-consumidores-fazem-ate-cinco-compras-online-por-mes-aponta-pesquisa/. Acesso em: 14 dez. 2023.

FLUTTER. Flutter documentation. **Flutter**, [s. d.]. Disponível em: https://docs.flutter.dev/. Acesso em: 5 abr. 2024.

FRANÇA, Rafael. **Fundamentos de desenvolvimento mobile com Flutter**. Rio de Janeiro: Novatec, 2023.

GOOGLE CLOUD. Home page. **Google Cloud**, [s. d.]. Disponível em: https://cloud.google.com. Acesso em: 1 jul. 2024.

GOOGLE DEVELOPERS. Como usar o OAuth 2.0 para acessar as APIs do Google. **Google Developers**, [s. d.]. Disponível em: https://developers.google.com/identity/protocols/oauth2?hl=pt-br. Acesso em: 27 dez. 2023.

GOOGLE. Criar e configurar seu app. **Google**, [s. d.]. Disponível em: https://support.google.com/googleplay/android-developer/answer/9859152?hl=pt-BR. Acesso em: 16 jan. 2024.

GSMA. The State of Mobile Internet Connectivity Report 2023. **GSMA**, 2023. Disponível em: https://www.gsma.com/r/somic/. Acesso em: 25 nov. 2023.

GUERRA, Fabiana; TERCE, Mirela. **Design digital**: conceitos e aplicações para websites, animações, vídeos e webgames. São Paulo: Editora Senac São Paulo, 2019.

IBM SIMON. *In*: WIKIPÉDIA: a enciclopédia livre. **Wikimedia**, [s. d.]. Disponível em: https://pt.wikipedia.org/wiki/IBM_Simon. Acesso em: 25 nov. 2023.

INTERNET ENGINEERING TASK FORCE (IETF). The OAuth 2.0 Authorization Framework. **IETF**, [s. d.]. Disponível em: https://datatracker.ietf.org/doc/html/rfc6749. Acesso em: 27 dez. 2023.

KEMP, Simon. Digital 2024: Brazil. **DataReportal**, fev. 2024. Disponível em: https://datareportal.com/reports/digital-2024-brazil. Acesso em: 25 fev. 2024.

KNOTT, Daniel. **Hands-on mobile app testing**: a guide for mobile testers and anyone involved in the mobile app business. [S. l.]: Pearson, 2015.

MATERIAL DESIGN. Gestures. **Material Design**, [*s. d.*]. Disponível em: https://m3.material.io/foundations/interaction/gestures/. Acesso em: 11 jan. 2024.

MATERIAL DESIGN. Navigation drawer. **Material Design**, [*s. d.*]. Disponível em: https://m2.material.io/components/navigation-drawer/. Acesso em: 11 dez. 2023.

META FOR DEVELOPERS. Login do Facebook para web com o SDK para JavaScript. **Meta for Developers**, [*s. d.*]. Disponível em: https://developers.facebook.com/docs/facebook-login/web/. Acesso em: 27 dez. 2023.

NEIL, Theresa. **Mobile design pattern gallery**. 2. ed. Sebastopol: O'Reilly, 2014.

NEIL, Theresa. **Padrões de design para aplicativos móveis**. São Paulo: Novatec, 2012.

NEUMORPHIC DESIGN. Home page. **Neumorphic Design**, [*s. d.*]. Disponível em: https://neumorphic.design. Acesso em: 2 fev. 2024.

NIELSEN NORMAN GROUP. Home page. **Nielsen Norman Group**, [*s. d.*]. Disponível em: https://www.nngroup.com. Acesso em: 2 fev. 2024.

NIELSEN, Jakob. 10 usability heuristics for user interface design. **Nielsen Norman Group**, jan. 2024. Disponível em: https://www.nngroup.com/articles/ten-usability-heuristics/. Acesso em: 17 dez. 2023.

OFICINA DA NET. Primeiro smartphone da IBM completa 20 anos. **Oficina da Net**, 18 ago. 2014. Disponível em: https://www.oficinadanet.com.br/post/13198-primeiro-smartphone-da-ibm-completa-20-anos. Acesso em: 25 nov. 2023.

PANZARELLA, Luca. **Mobile design**: how to design responsive websites and mobile apps that work. Publicação autônoma, 2021.

PATEL, Neil. Teste de usabilidade: o que é e como fazer passo a passo. **NP Digital**, [*s. d.*]. Disponível em: https://neilpatel.com/br/blog/teste-de-usabilidade/. Acesso em: 5 fev. 2024.

PINHEIRO, Guilherme. DynaTAC 8000X: primeiro celular da história completa 50 anos em 2023. **Mundo Conectado**, 10 jan. 2023. Disponível em: https://www.mundoconectado.com.br/tecnologia/dynatac-8000x-primeiro-celular-da-historia-completa-50-anos-em-2023/. Acesso em: 25 nov. 2023.

PINTO, Kelly Cristina Bidone; SILVA, Régio Pierre da; TEIXEIRA, Fábio Gonçalves. Requisitos de projeto de interfaces gráficas de objetos de aprendizagem acessíveis para usuários com baixa visão. **Educação Gráfica**, Bauru, v. 23, n. 1, p. 96-115, abr. 2019. Disponível em: https://lume.ufrgs.br/bitstream/handle/10183/203797/001107379.pdf. Acesso em: 28 jun. 2024.

PRASAD, Prateek. **App design apprentice**. [*S. l.*]: Razeware LLC, 2020.

PREECE, Jennifer; ROGERS, Yvonne; SHARP, Helen. **Interaction design**: beyond human-computer interaction. 6. ed. New York: John Wiley & Sons, 2023.

QUE BICHO TE MORDEU. Quantas cores tem o mundo? **Que Bicho Te Mordeu**, [*s. d.*]. Disponível em: https://quebichotemordeu.com/destaques/quantas-cores-tem-o-mundo/. Acesso em: 11 dez. 2023.

QUEROAPP. Como publicar seu aplicativo iOS na App Store. **QueroApp**, 18 out. 2018. Disponível em: https://www.queroapp.com.br/artigo/como-publicar-seu-aplicativo-ios-na-app-store. Acesso em: 28 jun. 2024.

RANKMYAPP. Lojas de app: conheça as diferenças entre App Store e Google Play. **RankMyApp**, abr. 2024. Disponível em: https://rankmyapp.com/pt-br/diferencas-entre-app-store-e-google-play-store/. Acesso em: 16 jan. 2024.

REACT NATIVE. Home page. **React Native**, [*s. d.*]. Disponível em: https://reactnative.dev/. Acesso em: 7 jun. 2024.

REACT NATIVE. Introduction. **React Native**, [*s. d.*]. Disponível em: https://reactnative.dev/docs/getting-started. Acesso em: 5 abr. 2024.

REACT NAVIGATION. Bottom tabs navigator. **React Navigation**, [*s. d.*]. Disponível em: https://reactnavigation.org/docs/bottom-tab-navigator/. Acesso em: 11 dez. 2023.

ROCHA, Diego. **Desenvolvimento híbrido com React Native**. São Paulo: Casa do Código, 2023.

SANTOS, Felipe. UI e UX design: o que são e como são aplicadas na prática. **Alpina**, out. 2020. Disponível em: https://alpina.digital/blog/ui-e-ux-design/. Acesso em: 17 dez. 2023.

SENAC SÃO PAULO. Guia de estilo: cores. **Senac São Paulo**, [*s. d.*]a. Disponível em: https://www1.sp.senac.br/hotsites/sites/guiavisual/cores/. Acesso em: 11 dez. 2023.

SENAC SÃO PAULO. Home page. **Senac São Paulo**, [*s. d.*]b. Disponível em: https://www.sp.senac.br. Acesso em: 29 maio 2024.

SHULMAN, Seth. **The telephone gambit**: chasing Alexander Graham Bell's secret. New York: W. W. Norton & Company, 2008.

SILVEIRA, Maria Isabelle. UI Design: o que é, UX vs UI e um guia da profissão de UI Designer. **Alura**, set. 2023. Disponível em: https://www.alura.com.br/artigos/ui-design/. Acesso em: 16 dez. 2023.

SOARES, Thiago. Heurísticas de Nielsen: um guia prático para avaliação de usabilidade. **LinkedIn**, nov. 2023. Disponível em: https://www.linkedin.com/pulse/heur%-C3%ADsticas-de-nielsen-um-guia-pr%C3%A1tico-para-avalia%C3%A7%C3%A3o-thiago-soares-afh2f/. Acesso em: 17 dez. 2023.

SOUZA, Ivan de. Saiba o que é UI (User Interface) e a importância dele para os clientes. **Rock Content**, jan. 2024. Disponível em: https://rockcontent.com/br/blog/o-que-e-ui/. Acesso em: 28 jun. 2024.

STATCOUNTER. Estatísticas globais do sistema operacional móvel. **StatCounter**, 2023. Disponível em: https://gs.statcounter.com/os-market-share/mobile/worldwide. Acesso em: 25 nov. 2023.

STEVE Jobs apresenta primeiro iPhone (2007 - Legendado). [*S. l.: s. n.*], 2015. 1 vídeo (7 min). Publicado pelo canal SBAP Apresentações. Disponível em: https://www.youtube.com/watch?v=taTmpYQ_3jk. Acesso em: 15 maio 2024.

SUPERSONIC. O que é teste de usabilidade e como aplicar. **Supersonic**, mar. 2021. Disponível em: https://www.supersonic.ag/blog/teste-de-usabilidade/. Acesso em: 5 fev. 2024.

TANENBAUM, Andrew S.; BOS, Herbert. **Sistemas operacionais modernos**. São Paulo: Pearson, 2016.

TECHTUDO. Google Play Store é a loja oficial para baixar apps no Android. **TechTudo**, [*s. d.*]. Disponível em: https://www.techtudo.com.br/tudo-sobre/google-play/. Acesso em: 16 jan. 2024.

USABILIDADE. **Dicionário Priberam da Língua Portuguesa**, [*s. d.*]. Disponível em: https://dicionario.priberam.org/usabilidade/. Acesso em: 9 dez. 2023.

WELIE, Gabrielle van. A complete guide to skeuomorphic design. **Sketch**, jun. 2022. Disponível em: https://www.sketch.com/blog/complete-guide-skeuomorphism/. Acesso em: 10 jan. 2024.

WORKANA. O que é flat design? **Workana**, [*s. d.*]. Disponível em: https://i.workana.com/guias/o-que-e-flat-design/. Acesso em: 10 jan. 2024.

WORLD WIDE WEB CONSORTIUM (W3C). Diretrizes de Acessibilidade para Conteúdo Web (WCAG) 2.1. **W3C**, 2018. Disponível em: https://www.w3c.br/traducoes/wcag/wcag21-pt-BR/. Acesso em: 25 nov. 2023.

WORLD WIDE WEB CONSORTIUM (W3C). Sobre os padrões web. **W3C**, [*s. d.*]. Disponível em: https://www.w3.org/standards/about/. Acesso em: 25 nov. 2023.